墨香满楼

—— 编著

影响
中国古代历史的

将相

中国铁道出版社有限公司
CHINA RAILWAY PUBLISHING HOUSE CO., LTD.

图书在版编目（CIP）数据

影响中国古代历史的将相 / 墨香满楼编著 . -- 北京 ：
中国铁道出版社有限公司，2025. 7. -- ISBN 978-7-113-
32336-3

Ⅰ. K820.2

中国国家版本馆 CIP 数据核字第 2025GC0912 号

书　　名：**影响中国古代历史的将相**
　　　　　YINGXIANG ZHONGGUO GUDAI LISHI DE JIANGXIANG
作　　者：墨香满楼

责任编辑：冯彩茹　　　　　　　　电　　话：(010) 51873005
封面设计：郭瑾萱
责任校对：刘　畅
责任印制：赵星辰

出版发行：中国铁道出版社有限公司（100054，北京市西城区右安门西街 8 号）
网　　址：https://www.tdpress.com
印　　刷：河北宝昌佳彩印刷有限公司
版　　次：2025 年 7 月第 1 版　2025 年 7 月第 1 次印刷
开　　本：710 mm×1 000 mm　1/16　印张：11.5　字数：173 千
书　　号：ISBN 978-7-113-32336-3
定　　价：88.00 元

前言

　　在历史发展的进程中,历代帝王总是站在时代潮流的浪尖上,俯瞰天下,统领江山。

　　帝王拥有至高无上的权力,像一柄利剑,但更厉害的是能使这柄利剑挥舞起来的巨大力量。这股力量就来自历朝历代的文臣武将,他们是整个国家,甚至整个人类历史的中流砥柱。

　　纵观古今中外,一个伟大朝代或者一个伟大国家的出现,必定少不了大智大勇、功勋卓著的文臣武将;相反,历朝历代的衰落灭亡,与那些奸邪谄媚、贪污腐败的奸佞小人也脱不了干系!

　　在历史的长河中,经常会存在势不两立的力量,水火相争,纠缠不休。它们在冲突中形成巨浪,改变了当时与未来无数人的命运!

　　人类历史是在矛盾冲突中不断前进的。

　　没有矛盾冲突,人类社会就无法发展。冲突是一种巨大的力量,通过它,社会制度得到不断调整,文明得到不断发展。

　　无穷的冲突可以制造出精彩无穷的故事。同样,历史也在无休止的矛盾冲突中延续下去!

　　五千年的中国历史伴随着激烈不休的斗争,在斗争中,主角正是那些能够左右时局的将与相。他们形成两派,分别代表善与恶的两股相互冲突的力量。代表善的是治国名相与保国大将;代表恶的是祸国奸相与乱国武将。

　　历代治国名相,治国安邦,颁法立规,造福百姓,为中华文明奠定了基础。比如,周公建立礼乐制度,提出"以德配天"的思想,使得道德发展为维护社会秩序的重要规范;齐国名相管仲,励精图治,实施一系列改革,富国强兵,最终辅佐齐桓公成为春秋时期的第一个霸主。

　　历代保国大将,骁勇善战,足智多谋,功勋卓著,为百姓的安居乐业作出了巨大的贡献。比如，兵家鼻祖孙武，辅佐吴王夫差成为一代霸主，并撰写了不朽的军事著作《孙子兵法》；"汉初三杰"的韩信，"连百万之军，战必胜，攻必取"，辅佐刘邦迅速统一天下，建立大汉王朝。

而历朝历代的奸相，残害忠良，专横朝政，祸国殃民，最终使国家走上衰亡的道路。比如，大汉奸秦桧，以"莫须有"的罪名谋害岳飞，使得南宋失去收复中原的机会，逐渐走向灭亡。

历朝历代的乱将，野心勃勃，贪图私利，蹂躏天下，使大好河山毁于一旦。比如，惨无人道的董卓，挟天子以令诸侯，玩弄政权，残虐百姓，让天下陷入极度的混乱之中；拥兵自重的安禄山，与李林甫争权夺利，兵临长安，导致社会混乱，人民困苦不堪。

中国历史正是在这样的善与恶的冲突中，不断地改朝换代，不断地前进！也许历史根本就不该只用善恶来区分，历史呈现的只是两种对立冲突的力量。

作　者

目录

第四章　乱国武将

第一章

治国名相

愿者上钩——姜子牙

姜子牙,名尚,亦作姜尚。因为他的祖先辅佐大禹治水有功,被封为吕地,所以也叫吕尚,别号飞熊,民间俗称姜太公。姜太公在历史上的名气很大,地位很高,许多地方上的人都把他当成神来敬奉。而这一切身后盛名,其实都来源于他的一次行为艺术。

据说三千年前的某一天,姜子牙坐在渭水边钓鱼,只见他握着一根竹竿,竹竿另一头绑着一个直的鱼钩悬在水面上,坐在河边一动不动,像根木头一样。

河边放牛的人看见了,就问:"老人家,您钓鱼,怎么鱼钩是直的啊?而且还不放到水下面,这样能钓到鱼吗?"

姜子牙说:"老夫钓鱼,愿者上钩,不愿者由它,从不强求。"

放牛的人一听,觉得这真是太奇怪了,哪有这样钓鱼的,就向旁边的人喊道:"哎,快来看啊,这儿有个怪人,钓鱼不用鱼钩,想让鱼自己蹦上来。"

旁边的人们一听,都围过来看热闹,对着姜子牙指指点点。姜子牙微微一笑,知道自己已经达到了目的。

因为古时候通信技术非常落后,不像现在,手机、电脑、网络铺天盖地。那时候识字的人也没几个,出了什么新闻,一般都是口口相传。姜子牙这样做,别人都以为是怪事,肯定见人就讲,没过多久,他的名声就传遍了整个西岐。

而那时,西岐的诸侯王姬昌,因为跟商朝的矛盾越来越大,急需有识之士辅佐他,以壮大西岐。朝中无贤才,他准备趁着去乡下打猎时,寻找贤才义士。西岐的人很喜欢算卦,大小事都要看看天意如何。一天,姬昌早早地起来,沐浴更衣,然后占卜一卦,得到的卦辞是:这次所得猎物非龙非螭,非虎非熊，乃是成就霸王之业的辅臣。于是他高兴地出发了，果然在渭河边，碰到了正在垂钓的姜子牙。姬昌跟他交谈了几句，大喜过望，说："从前我先君太公就说过，会有圣人来西周，使西周兴盛，可见就是您了，我们太公盼望您已经很久了。"于是就称姜子牙为"太公望"，二人同车而归。姜子牙终于得遇明主。此时，他已经在渭河边钓了几个月的鱼，好在皇天不负有心人，总算有了回报。

姜子牙从此被尊为太师。军国大事，一以付之。

遇见周文王时，姜子牙已经很老了。此前，他曾经在商朝做事，但是没有得到纣王的重用，只好离开了。之后，他曾经游说过列国诸侯，但还是没有人重用他。正在茫然时，他听人说西岐国主正在寻求贤才，于是决定到西岐来碰运气。

为了被明主发现，他想到的这条钓鱼计策相当高明，他充分利用了人们的猎奇心理。一群钓鱼的人，都按部就班地在那儿钓鱼，就没什么稀奇的。但是，其中一个人用直鱼钩钓鱼，而且把鱼钩悬在水面上，大家就会觉得很稀奇，会说这个人是个怪人。

姜子牙被重用后，尽力辅佐文王。商纣王见文王势力渐大，就以天子的名义把他召到朝歌，然后拘禁在羑里。文王的大儿子伯邑考带了金银珠宝奇珍异玩前去营救，结果被纣王杀死。然后纣王还将伯邑考做成肉酱，送到牢里让文王吃。文王善卜，他料到这是他儿子的肉，但为了保全自己的性命，还是吃下了。

在牢里，文王忍辱负重，细心推演伏羲氏的八卦，终于创造出了伟大的《周易》。

后来，文王历经磨难被救出。回到西岐后，他立志要推翻商朝。于是，姜子牙就有了用武之地。在姜子牙的谋略下，西岐讨伐了周边的小诸侯国，以及戎狄等民族，扩大了自己的地盘，壮大了自己的实力，也提高了自己的威信。据司马迁的《史记》记载："周西伯昌之脱羑里归，与吕尚阴谋修德以倾商政，其事多兵权与奇计，故后世之言兵及周之阴权皆宗太公为本谋。"可见姜太公作用之大。

再后来文王去世，武王秉政。为完成文王未竟的事业和遗愿，武王开始紧锣密鼓地筹备伐纣。他第一次召集诸侯，在孟津，当时诸侯云集响应，大家都说可以讨伐纣王了。武王说还不行。于是班师回朝。公元前1092年，纣王杀了叔父比干，囚禁了叔父箕子。于是武王再一次跟诸侯会师，渡过孟津，在朝歌附近的牧野跟商朝军队大战，"流血漂橹"。结果商朝的士兵纷纷倒戈，西周的联合部队大获全胜。这就是著名的"牧野之战"。

周朝建立后，姜太公被封到齐地。政事开明，礼仪简明，工商业大兴。齐地临海，因此渔业和盐业很发达。后来武王去世，成王即位，管蔡叛乱，一些诸侯也趁机叛乱。于是成王就给姜太公下令说："东至大海，西至黄河，南至穆陵，北至无棣，此间五等诸侯，各地官守，如有罪愆，命你讨伐。"这样一来，齐国奉天子之命，讨伐不逊，逐渐成为一个大国。

姜太公活到一百多岁才逝世，他生前为人民创造了很多福祉，死后也遗留给人们很多的财富。他所著的兵书《六韬》，是历代兵学的必读之物，中国古代的兵法、兵书、战术、策略等一整套军事理论体系，全是由此而发端。后来著名的军事家孙武、鬼谷子、黄石公、诸葛亮等人，都吸取了《六韬》里的精华，姜太公被尊为兵法鼻祖，去世后被演绎成神。民间对姜太公非常崇拜，常有"姜太公在此，百无禁忌"的说法，用来镇压妖邪。

道德师表——周公

周公,姓姬名旦,亦称叔旦,是周文王姬昌第四子,周武王姬发之弟。

事实上在古代,周公是周代的爵位,而我们现在所说的周公则是历史上第一代周公。

周公是武王的弟弟,父亲在世时,他就很孝顺。周公封于鲁,但是并没有到封国去,而是留在朝中辅佐武王。武王死后,他的儿子成王年纪还小,周公受托摄政。在这种情况下,武王的弟弟管叔和蔡叔心生妒忌,到处散布流言,说周公野心勃勃,想要谋害成王,夺取王位。不久后,管叔与蔡叔勾结外敌反叛周朝。周公率师东征,经过三年的艰苦抗争,终于平定叛乱,征服了东方诸国,巩固了周朝的统治。周公平叛后,为了稳定东方政权,建议成王将国都迁往洛邑(今洛阳)。迁都洛邑后,周公正式开始实行兴邦的政策。他先后分设了七十一个封国,将武王的十五个兄弟与十六个功臣,派到封国做诸侯。封国内实行井田制,将土地统一规划,促进了周朝的经济发展。

成王长大后,周公还政于成王,自己将精力用于制礼作乐。周公"制礼作乐",人们可能会有"不务正业"的想法。非也!在古代,礼乐是统治者治理国家的重要手段。古希腊雅典通过民主制来管理国家;古埃及通过君主制来统治;阿拉伯帝国采用的则是政教合一的君主制;古罗马采用的是元首制;而在古代中国,统治阶级通过分封制、宗法制、礼乐制来统治国家。分封制、宗法制、礼乐制组成了一套完整的政治制度体系。宗法制是基础,分封制是宗法制推行的手段,两者是互为表里的关系,而礼乐制则是宗法制精神的具体化、现实化。正是因为具有这样完善的政治制度体系,周朝才实现了以后的稳定与强大。

中国古代的"礼乐"起源于远古的原始崇拜。当时,人们贡献礼品、击鼓作乐的宗教形式,便是最早的礼乐仪式。到了五帝时期,帝王产生了"礼"的意识,但是制度还未产生。到了夏朝,由于"天下为家,各亲其亲",礼仪制度才逐渐建立起来。

任何一种文明制度的产生都需要一个人来推动、实现。对于"礼乐制度"来说,推动它实现的这个人就是周公。

可能会有人问,为什么是周公,而不是其他人? 如果你听说过"周公吐哺,天下归心"的故事就明白了。周公见到贤才,会吐出正在咀嚼的食物,马上去迎接。周公身居高位,仍能这样礼待人才,他来"制礼"就不足为奇了。

西周初年,由于社会风气相对开放,于是周公规定:男女结婚之前不能发生关系,要等到结婚以后才能同房。所以后来才有了"周公之礼"之说。周公还对当时的婚礼进行了整治改革。他将男女关系从说亲到成婚,分为七个环节:纳采、问名、纳吉、纳征、请期、亲迎、敦伦,被称为"婚义七礼"。后来到了春秋时代,周公制定的婚仪逐渐废弛,孔子重修礼仪。时过境迁,"敦伦"一环可省略,于是"六礼"产生。

在周公的努力下,礼乐制度被推广为道德伦理上的礼乐教化,起到维护社会秩序的重要作用。

周公不仅从"制礼作乐"中完善了周朝的政治体制,更重要的是对人的"天命思想"进行了伟大的改革,提出"敬德保民"的统治思想。周公同样认同"天命"的观点,但是他认为"天"是有意志、有感情的,是扬善除恶的人格神。周公认为夏商王朝的灭亡就是因为统治者无德而违反了"天命"。周公的"天命"观与商人的"天命"观是截然不同的,他用"以德配天"替换了商朝人事事问卜的天命论。

"以德配天"是中国古人思想上的一次大扭转,让蒙昧的宗教迷信思想开始朝着理性的认识发展。周公第一次将"天"的好恶与帝王的行为联系在一起,提出了人的主观能动性。周公认为,天命是与人德紧密关联的,德是取得天命的前提。这样,"至高无上"的天命受到了限制,道德被提到了重要的地位。这也表明从周朝开始,中国古人已经认识到了人类创造历史的主观能动性,是人类认识史上的巨大进步。

周公的这种"敬德保民"的思想后来为孔、孟代表的儒家所传承,把它发展为德治思想。所以说,"敬德保民"的观点不仅是周公提出的西周思想的核心,更是以孔子为代表的儒家学派的根源所在。

西周之后的春秋时期,已经是"礼崩乐坏"了,礼乐在当时已经成为一种回忆。先秦诸子对这种崩溃的"礼乐秩序"进行反省,并在此基础上构建起自己的思想体系。清代史学家章学诚指出:"孔子之大,学周礼一言可以蔽其体。"孔子自己也说过:"述而不作,信而好古。"孔子的最大贡献就是继承、推广礼乐文明,并从中抽象出礼乐之"道",进而形成了自己的"仁道"思想体系。

孔子的圣名传遍全世界,但谁也不会想到,他从不以圣人自居。在他的心目中,周公才是真正的圣人。孔子将周公的人格典范作为最高典范,将周公的仁政作为最高的政治理想。如果说,孔子是古代教育的奠基人,是万世师表,那么,周公则是古代教育的开创者,是中华文明的第一代道德师表。

图王霸业——管仲

管仲,姬姓,管氏,也被称为管子。管仲是古代著名的政治家、思想家,也是法家学派的代表人物,其思想在《管子》一书中集中体现。

关于姓和氏,简单介绍一下。

在母系社会,人们往往知其母而不知其父。当时为了将各个族群区分开,就有了"姓"。在当时,同姓的人表示都是同一个女性祖先,这也是母系社会同一种血缘人的标记。在古代,原姓有十几个,如姜、姬、姒、姚等。

后来随着人口的不断繁殖,"姓"衍生出了一系列的分支"氏"。进入阶级社会后,"氏以别贵贱",氏成了贵族男人的专用。所以,各诸侯、卿大夫就以受封的国名、封地为氏。而在春秋战国时期,"子"是对成年男子的一种尊称。所以,管仲也被称为管子,诸如此类的还有孔子、孟子、荀子、墨子等。

孔子心目中的圣人有两个:一个是周公,另一个就是管仲。周公奠定了中国文化发展的基础,以德治国;而管仲则将周公的思想发扬光大。

有人可能说,法家反对礼制。事实上,法源于礼。礼最初来源于祭祀。在祭祀的过程中,仪式得到强化、规范,随着阶级的发展,祭祀的礼仪也因为阶级不同而不同,这样礼就成为不同阶级的标志,上层阶级进化为统治阶级,并将礼作为调整社会关系的制度规范。到此礼就具有了法制的内涵。

中国古代法最初都是以礼的形式表现出来的。在古代,礼乐是不分家的,礼中有乐,乐中有礼。而现代社会"法律"中的律也是源于音乐之律。

很多人认识管仲源于"管鲍之交"的美谈。

管仲与鲍叔牙从小就是好兄弟。两人一起做生意,管仲穷,本钱几乎都是鲍叔牙出的,但是赚了钱后,管仲却要比鲍叔牙分得多。对此,鲍叔牙没有任何怨言,但鲍叔牙的仆人却不服:"管仲真是太过分了,本钱出得比主人少,分钱时却比主人拿得多!"鲍叔牙听了,安慰仆人说:"别这么说,管仲家里没钱,还要照顾母亲,让他多拿一点是应该的。"

看了"管鲍之交"的故事,很多人都认为管仲总是被鲍叔牙照顾,是不平等的友谊关系。这样说未免不可,但是如果将管仲放在"法家"的位置上,就会豁然开朗。

法家重视现实基础,他们的行为都是与现实结合,从实际出发的,要行动,就要行之有效,实现效益最大化、意义最大化。

管仲与鲍叔牙一起做生意,他出钱少,为什么他能比鲍叔牙拿得多?难道他不懂得礼让吗?当然不是!因为他得养家糊口,得养母亲!对鲍叔牙来说,那些钱可能无足轻重,但是对管仲来说却是关乎生存的大事!

又如之后他辅佐齐桓公的事情。管仲刚开始辅佐的是齐桓公的哥哥公子纠,而且还差点射死齐桓公。然而,在鲍叔牙的力荐下,管仲成为齐桓公的宰相。

这当然要归功于鲍叔牙的力荐。但在当时的社会,对于鲍叔牙的力荐来说,管仲接受做齐桓公的宰相却是更不可思议的!当时人们都认为:作为臣子,如果不能为君而死,是不"仁"之为。

然而,管仲却欣然接受成为齐国的宰相。管仲对此自有说法:"我不会为任何一个人而死,我只为三件事而死,一是国破家亡,二是宗庙灭,三是祭祀绝。我死了对国家没有任何好处,活着却对国家有利。"

管仲的这种思想体现了鲜明的"法派"性格——价值最大化,为一个人而死,没有任何意义,现实也不会因此发生任何改变。通俗地说,殉死没用,活着才有机会创造价值。殉主这种事情只有在古代才会发生。从这点可以看出,法家这种思想在当时来说是非常"前卫"的。

多年后,孔子的学生也就此事向他请教,他们认为管仲辅佐齐桓公是不仁义的行为。孔子没有正面解释,而是说"管仲辅佐齐桓公,匡正天下,到现在老百姓还享受着他的好处。如果没有管仲,我们现在可能还都披散着头发,光着膀子,做野蛮人的奴隶"。孔子的意思是,做大事者,从不拘于小节。

管仲是法家的先驱人物。有人可能会问，管仲并没有公布法制，怎么会是法家的先驱者呢？

首先来了解一下，何为法家？法家是研究治国方式的学派，主张富国强兵、依法治国。法家是一个涉及最全面的学派，它对于法律，以及法律同经济、政权、道德、风俗习惯、自然环境、人口、人性的关系都做了深刻的探讨。也就是说，法具体表现在诸多方面，如法律、经济、行政、管理等方面。而管仲之所以被看成是法家先驱，主要是因为他在经济政策、兵制改革、集权镇压政策上所作出的贡献。其中经济政策是齐国强大起来的主要原因。

管仲认为：仓廪实而知礼节，衣食足而知荣辱。物质生活好了，人们的道德自然就会提升，这是法家基本的义利观。正是在这种思想的基础上，管仲提出了"治国必先富民"的政策。他敏感地认识到经济对于社会稳定的重要性。所以，他积极发展经济，重视农业的同时也重视工商业。

为了使齐国尽快地富强起来，管仲实施了一系列改革。他是历史上第一个通过"招商引资"来实现国强民富的政治家。在管仲的优惠政策下，形成"天下之商贾归齐若流水"的局面。各诸侯国的商人们纷纷涌进齐国，也将大量财富带到了齐国。

管仲的目的不仅仅是"招商引资"，而是让富商们在齐国安居乐业。这样一种不通过战争就能得到其他诸侯国财富的做法，可谓一大壮举！

运用经济政策后，很多国家的财富都聚集到了齐国。作为一个政治家，管仲通过经济政策，而非战争手段，战胜了敌国。这就是所谓的"不战而屈人之兵"。

作为一个两千多年前的人，在当时兵荒马乱的年代，管仲能够用这样的方法实现强国的目的，不得不让人心生敬意！鲍叔牙不愧是他的知己，能够甄别出这样的一个奇才！

齐桓公"九合诸侯，一匡天下"，凭借的就是齐国的经济实力。而齐国之所以能够富强起来，主要靠的是管仲实施的一系列经济改革措施。

管仲辅佐齐桓公长达四十年，齐桓公对管仲可谓言听计从。在管仲病重时，齐桓公还就丞相之位询问他的意见："百年之后，谁能接替您？"对于如此敏感的用人问题，管仲没有直接回答，而是用"知臣莫如君"来引导齐桓公说出心中所想。

当时，齐桓公身边有三个大红人：一是为了让齐桓公尝人肉滋味而杀了自己儿子的易牙；二是抛弃国家及荣华富贵而投奔齐桓公的卫国公子开方；三是为了亲近齐桓公而自阉的竖刁。最终，管仲将这三个人全部否定了。

齐桓公认为管仲想要推荐鲍叔牙为相，便问："鲍叔牙呢？"没想到的是，管仲也否定了。他说："鲍叔牙为人正直，如果你没道理，给他再多的俸禄他也不会要。但是他过于刚直，别人的一点好，他记得十分清楚，别人的一点坏，他也记得很牢，他疾恶如仇，眼里容不得一点沙子。"官场鱼龙混杂，良莠并存。做宰相必须学会与各种人打交道，必须要包容、平和。管仲知道鲍叔牙在这方面不行，所以不推荐他。

最后，管仲推荐了隰朋。易牙知道了这件事，到鲍叔牙那里挑拨离间，说："你推荐管仲为相，现在他却说你不行，推荐隰朋为相，这很不公平啊！"鲍叔牙笑着说："我推荐管仲，是因为他忠于国家，有才能，对朋友也没有私心。至于我，让我做司寇，抓坏人，绰绰有余，要让我掌管国政，像你们这样的人还能有容身之处吗？"

从管仲不同意鲍叔牙做宰相这件事就可以看出，管仲对鲍叔牙是很了解的。"管鲍之交"并不像人们所认为的那样"不公平"。管仲不推荐鲍叔牙为相，既是为国家利益着想，也是为鲍叔牙着想。而且，这一点也充分地体现了他一切从实际出发的法家思想，"不别亲疏，不殊贵贱"，一切以"法"来衡量与判断。

纵观管仲一生，他的性格对命运的影响是非常大的。他是非分明，看重大局，不拘小节。他允许弄臣存在于皇上身边，但是绝不允许他们祸害国家，仅仅让他们在有限的范围内"放肆"。

性格决定观念，可以说，管仲的性格与"法家思想"是相辅相成的。

管仲最终以其卓越的才能使齐桓公成为春秋时期的第一个霸主。历史上，有个性的人往往下场都很不好，但是管仲却不一样，他能够被君王包容，既能兼济天下，又能独善其身，平安无事地活到生命的最后一刻。病榻论相，是其最后一次为齐桓公出谋划策，后来历史的发展也证明了管仲的预见能力。

功成身退——范蠡

范蠡，字少伯，又称范伯，是历史上著名的政治家、军事家，同时还是一个大商人，被誉为商人的鼻祖。

范蠡在中国历史上是一大奇人，备受史学家关注。但是，为什么范蠡不被大肆宣扬，不像诸葛亮、岳飞那样大有名气？

从中国的政治文化角度来说，因为范蠡不是所谓的"忠臣"，他见机行事，明哲保身，在统治者看来，这样不够忠诚，不能誓死效忠，所以作为政治家，他的名气自然比不上萧何。

司马光的"范蠡三迁皆有荣名"，讲的就是范蠡知进退的智慧，按照现在的话说，就是"拿得起，放得下"。这可是人生的大智慧！

范蠡，楚国南阳人，出身贫寒，但是聪慧睿智。少年时怀才不遇，浪迹于山野，行为洒脱，异于常人，对当时的人来说就是一个疯子！

文种当时是南阳县的县令，胸怀抱负，想要找一个志同道合的人，干一番大事业。他对范蠡早有耳闻，觉得此人不凡，于是就派属下去请。属下回来说："范蠡本国狂人，生有此病。"文种听后哈哈大笑起来，他认为"狂夫多贤士，众贱有君子"，所以就亲自去请范蠡。文种见到范蠡后，与他抵掌而谈，二人志同道合，欲干一番大事业。

公元前 511 年，范蠡与文种离开楚国，打算去吴国。到了吴国，他们发现吴国已经有伍子胥与孙武两个人才。"人以少居高，物以稀为贵"，人才集中在一个国家不是什么好事。而实力较弱的越国，正缺少人才。于是，范蠡与文种转往越国，并得到了勾践的赏识。

公元前 496 年，吴王阖闾攻打越国，在檇李之战中大败，身受重伤，不久后去世。在临死时，阖闾嘱咐其子夫差为其报仇。

公元前 494 年,勾践听说吴国军队日夜演练,准备向越国报仇,于是想先发制人。范蠡极力劝阻,但是勾践不听范蠡的警告,执意出兵。结果,越国大败,范蠡献策让勾践答应任何条件以求保命。夫差没有听伍子胥的逆耳忠言,留了勾践一条命。为了活命,勾践答应到吴国为奴,范蠡随行。

吴王夫差是一个惜才的人,他知道范蠡是难得的人才,想让范蠡辅佐自己,但范蠡却不为之动摇。为了尽早回到越国,勾践听取了范蠡的建议,为夫差喂马牵马,甚至问疾尝便,迷惑夫差。这出范蠡导演、勾践主演的荒诞戏对勾践的前途起到了至关重要的作用。此事发生后,夫差果然对勾践动了恻隐之心。

有人说政治一旦掺杂了人情,结果必定是悲惨的。错!悲惨的不是政治掺杂了人情,而是掺杂了对方的假情假意!

勾践在吴国卧薪尝胆,迷惑夫差。另一边,范蠡暗中复兴越国。为了进一步迷惑夫差,范蠡投其所好,向夫差进献美女,彻底转移夫差的注意力。

公元前 476 年,夫差中原争霸,国力耗尽,城中空虚,唯独老弱与太子留守。此时,越国经过二十年的精心准备,实力雄厚,进攻吴国的时机成熟了,范蠡建议勾践立即伐吴。

公元前 473 年,吴军全线崩溃,夫差被逼逃往姑苏台一带,自知回天无力,自刎而死。

越国灭吴称霸后,举国欢庆。然而,勾践在大宴群臣时,却显得并不那么高兴,心思细腻的范蠡觉察到了勾践的担心。勾践是一个贪婪的人,恐怕永无满足之日。而且,范蠡早就看出勾践是一个只能同患难不能共富贵的君王。如今国强民富,自己应功成身退了,否则就有性命之忧。

于是,范蠡找到文种,告诉他"飞鸟尽,良弓藏,狡兔死,走狗烹"的道理,劝说他与自己一同隐退。文种听后,不以为然。他从一个小小的县令熬到复国的重臣,不愿无条件地抛下这一切名利。文种贪恋高官厚禄不肯离去,范蠡叹了口气,向他告别。

有人可能会想,范蠡跟着越王勾践受了二十年的苦,好日子刚开始,舍得走吗?其实,这没有舍不舍得的问题。因为范蠡最初跟着勾践就不是为了功名利禄。如果是为了这些,恐怕在勾践到吴国为奴时他就走了,为何还要跟着勾践受苦？

那是为了什么？其实他就是单纯地想要干一番大事业。当然有人可能会对此表示怀疑，认为范蠡只不过是看清了勾践的真面目，为了避开风险，趁早离开罢了！这样说有一定的道理。但是，认识一个人，需要了解他的多个方面。

辞别文种后，范蠡带着家人准备前往比较适合隐居的齐国，那里政治、经济也比较优越。

范蠡是一个重情重义之人，临走前，心中还惦记着与自己一起出生入死的文种，他希望文种能够看透一切。于是，给文种送去了一封急信。文种接到信后，大惊失色，他没想到范蠡真的会离开！

范蠡洞察秋毫，他的智慧超越了功名利禄，他功成身退，在一片赞扬声中退出了君臣间残酷的权力之争。后来，正如范蠡所料，执着于高官厚禄的文种遭到他人的诬害，勾践听信谗言，赐给文种一把剑，让他自尽。文种没有机会逃命，只好举剑自刎。

范蠡审时度势，功成身退，显示出了超乎常人的智慧。到齐国后，他担心自己的名气为自己惹上麻烦，于是自称"鸱夷子皮"。"鸱夷"是用生牛皮做成的袋子，这个名字很普通，不会引人注意。

在齐国，范蠡重新做事业，带着家人在海边结庐而居，垦荒耕作，同时经商。在经商上，他坚持薄利多销，只赚取十分之一的利润，重视人才与时机，低价时买进，上涨时售出。没过几年，就成了大商人，积攒了大量的财富。

商人通常会想两件事情：一是怎么赚钱，二是怎么花钱。但是范蠡却仗义疏财，救济穷人。很快他的德才传到了齐国君王的耳朵里。齐王请他担任相国，辅佐自己。范蠡考虑再三，不想再次从政，但是公然抗命又不妥，"三十六计，走为上计"，范蠡散尽家财，离开齐国，到了宋国的陶邑，更名为朱公。宋国的陶邑虽然不如齐国的都城那么大，但却是万商云集之地，极利于经商。到了陶邑，范蠡更是如鱼得水，没出几年成为巨富，人称陶朱公。当地百姓都尊称他为财神。

范蠡一生三次赚到很多钱，也三次将大部分钱分给乡邻，如此大的气魄在当时的人看来实在难以理解，即使在现代也令人费解，因为很多人都想不通他为什么要赚钱。从他陪勾践卧薪尝胆，到齐国拒绝相印，再到宋国成为陶朱公，每次当他的人生到达顶点时，他都能功成身退，从头开始。他所经历的这一切足以说明他并不是为了功利，而纯粹是为了自我实现！

为什么他能够做到如此？

想要深入地了解一个人，就要追根究底。范蠡之所以能够具有这样超乎常人的智慧，与他的老师计然是分不开的。范蠡从计然那里学得治国之策，其实经商也是。而计然是道家鼻祖老子的弟子，博学多才，无所不通。

道家认为，万物生长各有定时，不到一定时机，不可能勉强生长，而人的变化也一样，不到转折点，是难以取得成功的。所以，人应该顺其自然，等待机会的来临。

所以，范蠡做生意时，懂得把握有利时机，运用市场规律，从不盲目行动。他的经营原则，就是站在时机面前，超时以待，有准备地采取行动。

道家强调，"物极必反"。范蠡清楚地认识到"物聚必散"，事物发展到一定程度，必定会朝着相反的方向转化。所以，范蠡顺应天道，能够三聚三散。

范蠡的从政和从商经历，与道家所推崇的思想相契合，都能功成身退。可以说，范蠡很好地在现实生活中实践了道家的思想。他不仅有儒家修身、齐家、治国、平天下的宏大志向，还有道家顺应自然大道的豁达人生观，所以无论从政还是从商，都能保持平和的心态，知进退，明得失。

变法强秦——商鞅

商鞅，姬姓，公孙氏，名卫鞅。后封于商，所以又被称为商鞅。

在历史上，商鞅这个名字常与"变法"二字联系在一起。他一生最有成就的事情就是将自己的政策推销给了秦孝公。

因为商鞅，秦国的旧制度被彻底废除，秦国因此成为战国七雄之首，为之后统一天下打下了坚实的基础。然而最后，商鞅却被秦军追捕，并死于自己的"法"，让人不由得感叹政治的无情！

商鞅年少时就爱好刑名法术之学，并想借此干一番事业。有了这个梦想后，他就开始寻找机会来施展自己的"法术之学"。

当时魏国势弱，他就到魏国投奔魏国国相公叔痤。公叔痤看他是个人才，便推荐他为中庶子。公叔痤十分看重商鞅，有事就找他商量，每次都能谋成事。因此，公叔痤想力荐他做更大的官为魏国效力。遗憾的是，还未来得及推荐，公叔痤就得了重病，不久于人世，临终前他告诉魏王："商鞅虽年轻，但却是个奇才，他做相国要强我很多，如果不用他，就把他杀了，千万不要让他离开魏国，以免后患！"这就是政治的无情！

不过公叔痤讲仁义，他告诉商鞅："我先公后私，如果魏王不用你，你就马上离开，我已建议除掉你！"商鞅想，如果魏王不听公叔痤的建议用我，也不会听他的话除掉我，所以就没有离开。而魏王认为公叔痤说的是临死前的糊涂话，所以就没有在意，而且他认为商鞅没什么能力，没有用他，也没有杀他。由此商鞅的才能可见一斑。

公元前 361 年，商鞅入秦。此时，秦孝公刚刚继位。秦国地处偏僻，没有参加各诸侯国的盟会，因此遭到各诸侯的排斥。秦孝公继位后为了复兴穆公时期的强大，在国内颁布了"求贤令"。商鞅听说秦孝公招贤纳士，就在景监的引荐下三见秦孝公。他以法家的思想说服了秦孝公，两人越谈越投机，结果谈了三天三夜。最终，秦孝公拜商鞅为左庶长，主持变法。

在当时"变法"是天大的事情，商鞅为何能成功地将政策推销给秦孝公呢？

首先，秦孝公急切地想要强大秦国。而且，变法的道路上无一不铺满鲜血，这就要求国君必须有强大的决心去支持变法，坚定不移，否则变法就难以成功。

其次，秦孝公是个务实的人。从商鞅三见秦孝公就可以看出，秦孝公是个急性子，他不愿听商鞅的长篇大论，所以才有了商鞅失败的前两次！据帝王之道治国，至少要三代之后才能见成效，而且，秦孝公还要考虑到子孙后代能否继承自己的意志，励精图治。

最后，商鞅做了深度调查，他对秦国的现状了然于心，而且他的"调查报告"也得到了秦孝公的认同。秦国当时实施的依然是穆公时传承下来的制度，由贵族与君主共同治国。由于长期的战乱，秦国国力虚空，民不聊生，贵族骄横跋扈，别国也虎视眈眈。在这危机四伏的情况下，如果按照以前的老办法，秦国恐怕还没有强大起来，就发生内乱或者被灭掉了！

正是基于这三点，商鞅与秦孝公达成了共识，君臣同心同德，共赴变法。其实不用商鞅说，秦孝公也明白秦国所存在的问题，但是他却想不到治理的方向。而商鞅正好为他提供了实际的策略与方法。

于是，商鞅在秦孝公的大力支持下开始变法。

为了确保变法的成功，商鞅首先为"变法"做起广告，南门立木，取信于民，并因此将变法的事情传遍整个秦国。于是全天下人都相信：商鞅出令必行！

公元前 356 年，商鞅在秦国开始变法，实施"强秦九论"：田论、赋税论、农爵论、军功论、郡县论、连坐论、度量衡论、官制论、齐俗论。

变法后，秦国越来越富强。老百姓白天努力耕田，晚上睡觉也不用担心被偷，甚至连门都不关，因为没有人敢犯法。各诸侯国也纷纷向秦国示好。魏国迫不得已割让土地，将国都迁往大梁。魏惠王后悔不迭："我怎么就没听公叔痤的话呢！"

普天之下，秦国之外，再无强国！

商鞅因功封于商十五邑，号商君。商鞅拥有了巨大的荣誉与权力，达到人生的巅峰。

大规模的改革，有人得利，必有人失利。商鞅变法损害了贵族官宦们的利益。贵族特权被取消后，他们纷纷与商鞅成了死对头。

变法之初，太子就反对商鞅："新法太严酷了！"按照商鞅的政策，任何人都不能说新法的不好，治不了太子的罪，就治教导太子的两位老师公子虔与公孙贾的罪，两人因此一个被割了鼻子，一个脸上被刺了字。商鞅此举，起到了"杀鸡儆猴"的效果，百姓们看到连太子的老师都要受到法律的制裁，于是就更不敢不遵纪守法了。

聪明一世，糊涂一时，商鞅忽略了君主自私的一面，没有为自己留任何退路。新法的权威得以保障，但是却把未来的君主给得罪了。有人劝商鞅急流勇退，但是处在人生的巅峰，谁能轻易退下？商鞅本身就是一个不甘平凡的人，所以更不可能退隐。

新法过于刻薄寡恩，为他树立了众多政敌。商鞅在秦国担任十年丞相后，听闻赵良的名声，希望他评价自己的治国成就，赵良对商鞅说："您的处境已经十分危险，秦王一旦不能当朝，秦国想要您命的人能少吗，为什么不早些离开呢？"忠言逆耳，商鞅没有听取赵良的建议。

公元前 338 年，秦孝公去世，这是很多人都梦寐以求的时机。太子驷继位，为惠文王，公子虔等人终于可以报仇了。这时，商鞅想要告老还乡，可是已经晚了！

公子虔等人借机告发商鞅想要造反，惠文王发令追捕，商鞅有口难辩，只有逃亡。一天黄昏商鞅逃到了函谷关，想要投宿客栈，可是出逃太急，没有带身份证件。每一家店主都告诉他："商法规定，不能接待没有身份证件的旅客，否则就要受连坐之罪。"商鞅感叹不已，第一次感觉到了新法的严酷。他当时颁发新法时，何曾想到自己也会身陷其中（这也是成语"作法自毙"的来源）。他走投无路，只好回到封地，拼凑了一队人马，起兵造反，最终战败。

秦惠文王对他实行了残酷的"车裂之刑"，诛灭全族。

商鞅虽死，但是他的新法并没有废除，一直影响着后世。因为秦国之前一直有延续制度的传统,而且商鞅的变法效果也十分明显,秦国当然会继续沿用这些制度。

由于严刑酷法的原因,历史上对商鞅用暴力手段实行改革的方式评价不一,有人认为秦国是暴政之国,也有人认为商鞅的严酷刑法是秦朝快速灭亡的主要原因。然而,商鞅的功劳是不可否认的。

商鞅虽然薄情,但也是这种强悍无情让社会快速扭转到了一个新的轨道上。

顾全大局——蔺相如

蔺相如，战国时期的政治家、外交家，官至上卿。他的事迹在《史记》中有所记载，他是司马迁所崇敬的人物之一。

蔺相如这样的人才可谓千古一遇，他一心为国家安危着想，从不顾私人安危。作为一个"手无寸铁"的文人，他敢于在他国之君面前"放肆"，但是却又回避与自己同地位的人。一个文人能够这样做，靠的绝不仅仅是勇气，而是考虑问题周密全面的大智慧。

历史上大智大勇的人，大多数都出身贫寒，蔺相如也不例外。

蔺相如的父亲很穷，很晚才娶了妻子，四十岁才有了蔺相如。当时，战乱四起，民不聊生，家乡实在是住不下去了，蔺相如一家便逃难到了侯兆川。蔺家在侯兆川定居后，蔺相如才有了安定的生活。三十岁之后，他从侯兆川走出去，到赵国去追求仕途，也从此开启了自己精彩的人生。

赵惠文王时期，赵国得到一块宝玉——和氏璧。后来，这件事情传到秦王那里，秦王便向赵王写信要那块和氏璧，并表示愿意用十五座城池来交换。对于一个想要一统天下的君王来说，怎么可能愿意用十五座城池来换得一块玉呢，即使是无价之宝，这也是不可能的事情！

赵王看信后，知道这一定是个骗局。但是秦国国力强大，赵王不好直接回绝，否则秦国可能会兴兵进攻；如果答应，就得吃个哑巴亏。赵王思来想去也找不到好的办法，于是召见群臣共同商议。这种明摆着以强欺弱的事情，群臣们一时也无计可施。

这时，宦者令缪贤说他的门客蔺相如或许有办法，于是赵王立即召见蔺相如。蔺相如对赵王说："秦国要用城池来换和氏璧，赵国不同意，赵国理亏。但是赵国给了玉，秦国不给城池，秦国理亏。所以我们必须答应，让秦国来承担责任。"赵王对蔺相如的观点十分认同。

但这不仅仅是一块玉的问题，这个问题的处理会显示出赵国对秦国的外交态度，所以赵王慎之又慎。他一方面不想与秦国发生冲突，另一方面又不甘示弱。蔺相如极其聪明，他知道赵王的顾虑，于是向赵王承诺："我愿意护送和氏璧，秦王给了城池再给他和氏璧，如果他不给城池，我一定将和氏璧完好地带回来。"于是，蔺相如带着和氏璧去了秦国。

秦王在宫殿里接见蔺相如，蔺相如双手将和氏璧献上。秦王见后大喜，看了一会儿，又传给大臣们一个个地看，后来又让后宫的妃子们去看。蔺相如意识到秦王不是一个爱玉的人，和氏璧对他来说就是一个玩具，拿给大臣和妃子们看，说明秦王没有爱不释手的心理，所以蔺相如知道秦王一定不会拿城池来换。

过了很久，秦王果然没有一点用城池换和氏璧的意思。但是，和氏璧已经到了秦王的手里，如何要回来呢？

思来想去，蔺相如想到了一个计谋。他走上前对秦王说："和氏璧上有个小瑕疵，我指给大王看。"秦王一听有瑕疵，赶紧叫人将和氏璧拿给蔺相如。蔺相如拿到和氏璧后退后几步，身体靠在柱子上，质问秦王说："大王想要用城池换和氏璧，赵国大臣都说秦国贪得无厌，仗势欺人，想白要。我认为，百姓之间尚不欺骗，何况大国呢！赵王听了我的话，斋戒了五天，在殿堂上拜送国书，才让我捧着和氏璧护送过来。赵国尊重大国的威望啊！如今我来到秦国，大王您的礼节非常傲慢，得到和氏璧后，也没有任何送城池的意思，所以我要收回和氏璧。大王如果您要是硬抢，我的头就跟和氏璧一起撞在这柱子上！"说完蔺相如就要往柱子上撞。

秦王看到此情景，会想什么？他会怕玉碎吗？不会。秦王不是一个爱玉器的人，他最爱的是权力。从他拿到和氏璧看了一会儿就传给他人看的行为就可以看出，和氏璧对他来说根本没那么重要。

但是，秦王却立刻向蔺相如道歉，还命人拿来地图，指出将哪些城池划分给赵国。为什么？

这就要从秦王为什么要换和氏璧说起了。秦王并不爱和氏璧，他为什么要大费周章地设这个骗局呢？因为，当时赵国对秦国来说是一个较大的威胁，但是秦国暂时还消灭不了赵国。所以秦王一是想骗和氏璧，二是以换和氏璧为借口来了解赵国的情况,主要是赵王对秦国的态度。在秦王心目中,赵王就是他的对手,他迫切地想要了解赵王的为人处世。所以,就设了这么一个局。

秦王既然不是为和氏璧,而且也不怕赵国,为什么蔺相如还敢于威逼秦王呢?这就不得不赞叹蔺相如的智慧了。蔺相如对当时的局势有十分清楚的认识,他知道秦王之意不在和氏璧,目前也不敢明着与赵国对立,所以他才有将和氏璧完好地拿回来的信心。而且,当时秦国正在全力攻打楚国,肯定不敢轻举妄动再进攻赵国。也就是说,蔺相如之所以敢明目张胆地挑衅秦王,因为他知道秦王绝对不会杀他,不会打破秦赵两国目前的关系。所以他才能完璧归赵,灭秦国威风。

秦国当时采用的是范雎制定的"远交近攻"的策略。而赵国此时正是秦国"远交"的对象。在这种情况下,秦王不会感情用事。所以,他才能忍受一个无名小使者的挑衅。另外,他也小看了蔺相如,没想到一个小使者能反将他一军。毁和氏璧杀人还是归还和氏璧放人?两害相权取其轻,秦王做出了一个明智的选择,归还和氏璧放人。

诚然蔺相如完璧归赵确实是有时势造英雄的成分,但是如果没有蔺相如对当时局势的清楚认识,这一回合输的便会是赵国。

蔺相如的非凡之处就在于他具有洞察局势的能力同时还具有超乎常人的勇气,这二者缺一不可,否则也难成大事。这一点在之后的"渑池之会"上也充分地体现出来。

渑池会上,赵王如同木偶,被秦王一再侮辱,几乎没了一国之君的尊严。秦王借着酒劲对赵王说:"听说赵王爱好乐器,请您弹上一曲吧!"赵王于是弹起瑟来。这时,秦国的史官上前记下:"某年某月某日,秦王令赵王弹瑟!"

蔺相如听到这种侮辱性的言辞,忍无可忍,上前请秦王击缶。缶在古代被认为是难登大雅之堂的乐器。蔺相如请秦王击缶,完全是对秦王无礼的回敬。秦王厉声斥责,不肯击缶。

蔺相如拿着缶请秦王演奏,并说:"如果大王不肯的话,我脖颈上的鲜血就要溅到大王身上了!"秦王的侍卫们想要杀蔺相如,蔺相如双眼圆睁,大喝一声,侍卫们不敢轻举妄动。秦王阴沉着脸,愤愤地击了一下缶。之后，蔺相如回头让赵国的史官写道："某年某月某日，秦王为赵王击缶。"

什么是勇气？这就是勇气！这也是蔺相如第二次以死相拼。当然蔺相如能够做出如此的惊人之事，靠的不仅仅是勇气，还有他纵观全局的智慧。

蔺相如的大智大勇不仅表现在与敌国的交战上，还有他"退而让颇"的大胸怀。

秦国对赵国一直不敢轻举妄动，就是因为有蔺相如与廉颇。蔺相如因功受封于上卿，位居廉颇之上。廉颇对此颇为不服，并扬言要羞辱蔺相如。蔺相如听说后，不但没有生气，而且还刻意回避廉颇，他认为如果他与廉颇相争，势必正合秦国之意。廉颇知道此事后，羞愧万分，赤身背着荆条，到蔺相如府上请罪。这就是历史上著名的"负荆请罪"。

时势造英雄，战国时期涌现了一批批杰出人物，在凶险恶劣的环境中彰显其才。蔺相如就是那个年代不可多得的人物，他出身贫寒，正常情况下难以从一个普通的门客晋升到上卿的位置。然而在动荡不安的年代，正是大智大勇者彰显身手的时机。

出使秦国，将和氏璧完整送回，丝毫不考虑秦王会把自己怎么样；渑池会秦王，为使国君不受辱，甘愿溅血染秦王；受辱廉颇，先公而后私。蔺相如凭借着自己的智慧与勇气，一次次打击了秦国的嚣张气焰，而他与廉颇的"将相之和"，也使秦国不敢出兵赵国，确保了赵国的安定。

蔺相如虽是一个文人，但他却是当之无愧的英雄！无论何时何地，蔺相如都能发挥自己的才智，并不畏艰险地付诸实际。这种先国家后个人，顾全大局的精神非寻常人所能有！

远交近攻——范雎

范雎,字叔,战国魏人。

范雎是一个充满矛盾的人,他小肚鸡肠,用司马迁的话来说就是"一饭之德必偿,睚眦之怨必报"。但是他又深谋远虑,具有战略眼光,与商鞅一样对秦国的强大与统一起到了重要的作用。

秦国最终能够统一天下,主要是拥有两个前提条件:实力与战略。商鞅变法为秦国提供了实力,而范雎则是为秦国提供战略的人。

范雎早年家境贫寒,虽然满腹才华,却没有机会施展,只能在魏国中大夫须贾处做门客。后来他随须贾出使齐国,受到齐王的青睐。须贾十分嫉妒,于是就向丞相魏齐诬告范雎向齐国出卖了情报。魏齐不分青红皂白就把范雎毒打了一顿。范雎被打得奄奄一息,知道怎么解释都不行了,就装死。等到半夜,范雎求得看守帮助逃了出来。后来在好友郑安平的帮助下,范雎随来魏的使者王稽到了秦国。

初到秦国的范雎被冷落了一年。当时,秦昭王在位,他东征西讨,看不上那些能辩之士,范雎也因此被冷落。但是,在这一年里,范雎却将秦国的政局摸得清清楚楚。自秦昭王继位后,太后的弟弟穰侯和华阳君,以及秦昭王的同胞弟弟泾阳君和高陵君形成一股强大的势力,号称"四贵"。他们在太后的庇护下,都有广阔的封地,实力与威望已经对秦昭王构成威胁。

公元前 270 年,穰侯想要攻打齐国的刚、寿二地,以扩大他的封地。范雎对秦王的心理进行了分析判断,敏感地意识到这是一个求见秦王的好机会。于是他上书秦王要求觐见,秦王果然召见了他。

到了宫门口,范雎便要向里闯。正巧秦王也出来了,宦官怒声斥责:"大王到!"范雎假装没看到,大声嚷嚷说:"秦国哪有大王?只有太后和穰侯罢了!"范雎这样说是想故意激怒秦王。秦王看到宦官正在与范雎争吵，便向范雎致歉行礼，请他进内宫交谈。这一幕让当时在场的官员们都大吃一惊，没有一个不对范雎肃然起敬的。

范雎考虑再三，不便说太后专政，于是就从穰侯攻打齐国说起，投石问路。他说："我听说穰侯要借道韩国、魏国攻打齐国，我认为这是不合适的。齐国路途遥远，出兵少无法保证取胜，如果派大部队，则有后院起火的危险。攻打齐国如果不能取胜，秦国就是自取其辱，即使胜了，因为战争成本过高，获得的也很少，而且所夺得的城池也难以管理，韩国、魏国、赵国便可得渔翁之利。劳师远征百害无一利，不如远交近攻。"

随后，范雎详细阐述了"远交近攻"的策略。他建议，结远亲，打近邻。也就是说，先将容易打的近邻国家收服了，壮大自己的力量后再进攻难攻的远敌。范雎还为此策略拟下了具体措施：首先，就近攻打魏、韩两国，壮大秦国势力；其次，赵、楚两国，扶助弱的，打击强的，并遏制他们的发展；再次，等魏国、韩国、赵国、楚国均依附于秦国之后，用五国的力量去攻打最难攻打的强敌齐国，削弱其实力；最后，以压倒性的力量逐一消灭魏、韩等四国，然后一举灭齐，统一天下。

秦王听得如痴如醉，心花怒放，当即拜范雎为客卿，并当场下令停止攻打齐国，转而攻打魏、韩两国。

韩国在当时国力最弱，所以自然就成了"远交近攻"策略的第一个目标。韩国与秦国领土犬牙交错，一旦发生大的变故，韩国就是秦国最大的威胁。所以，范雎建议秦王尽快收服韩国，保证秦国的稳定。秦王早就想收服韩国，但是苦于无计。范雎成竹在胸，他对秦王建议："如果大王先派兵攻打占领韩国的要地荥阳，便可使韩国东西道路被割断，一举将韩国分为两段，这样韩军必定大败。"秦王拍手叫好，马上按范雎的方案进攻韩国。在此后的几年里，秦王发动军队，一直进攻韩国。最终，韩国不得不向秦国屈服。

"近攻"的第一步完成后，范雎接下来就对齐、楚两国实施"远交"策略。随着"远交近攻"策略的成功，范雎日益受到秦王的重视，地位也日益稳固。

公元前266年，秦王拜范雎为相，并将他封侯，封地在应，所以又称应侯。

范雎不仅提供了"远交近攻"的策略，还促成了策略的顺利实施。公元前 260 年，秦国与赵国在长平交战。秦军虽然英勇善战，但是，赵国的将军廉颇却坚筑营垒，按兵不动，拖延战事。秦王无可奈何，战争如果拖久了，秦军即使善战，也必陷入困境。范雎也意识到了局势对秦军十分不利，他认为只有除掉廉颇才能出现转机。于是，他实施了一个"反间计"。

范雎派人进入赵国都城，用重金贿赂赵王身边的红人，散布谣言说："廉颇老而怯战，现在已经不敢出战，恐怕过不了几天就要投降了。秦军最怕的是赵奢之子赵括，年轻有为，若让他领军，肯定能大败秦军。"赵王听到传言后，匆忙让赵括将廉颇换了下来。赵括虽为名将之后，精通兵书，但只是纸上谈兵，不会灵活运用。最终，赵军在赵括的指挥下惨败，秦军大获全胜，坑杀了四十万赵兵。从此，赵国一蹶不振，逐渐走向衰亡。

秦昭王之后，秦国一直坚持"远交近攻"的政策。秦始皇征战了十年，最后终于实现了一统天下的霸业。

"远交近攻"是范雎一生最宝贵的思想，它给秦国统一天下提供了系统化的战略。首先，范雎从地理条件上考虑，因为古代称霸的标志就是占有土地，所以地理问题在军事上具有重要的意义。其次，"远交近攻"的原则是先弱后强，由近及远，西安占据中枢之地，然后逐渐向四面扩张，最后实现统一。最后，这种策略是一种军事与外交相结合的综合战略，强大的军事实力是外交的保证，而有效的外交又是军事进攻的准备，目的就是阻止他国联盟，最后各个击破一统天下。

范雎虽然为秦国统一天下发挥了巨大的作用。但作为一位杰出的军事谋略家，他也会为了一己私利而犯下诸多罪行。这就是人性的可悲！

白起是秦国的大将，人称常胜将军，尤其是在长平之战一举歼灭敌军四十多万。然而战役之后，正当白起想要乘胜追击时，范雎却担心白起的功劳大过自己，于是说服秦王收兵。白起知道此事后，便与范雎结怨。最后，在范雎的挑拨下，白起被逼自尽。

范雎得志后，利用职权报私仇，先辱须贾，后杀魏齐，对帮助自己的王稽与郑安平十分照顾，在他的举荐下，王稽升为河东太守，郑安平成为秦国将军。诬害白起后，他让郑安平接替白起率兵攻赵，结果大败，郑安平还带着军队投降了赵国。按照秦律，范雎用人失察要受株连，秦王念其功劳，没有处罚他。可是，王稽也"里通外国"，秦王仍未追究范雎的责任，但是范雎心虚,因为白起的死与王稽、郑安平的叛变都与他有关。幸好,范雎比较清醒,急流勇退,退出了政治舞台。

范雎的缺点就是做事不以国家为重,而是以自己为核心,"一饭之德必偿,睚眦之怨必报"。如果他能像顾全大局的蔺相如一样,他人生的结果又会如何?无论怎样,范雎顺应了政治发展大势,推动了历史的发展,是历史上不可忽略的人物!

强君集权——李斯

李斯，战国末年，楚国上蔡人。后来入秦，协助秦始皇统一天下。

秦国统一天下后，李斯参与制定了法律，统一文字、度量衡等制度，后被任命为丞相。然而，这样一位对秦国具有伟大贡献的丞相，却也是历史上死得最惨的丞相。

人生就是一个不断选择的过程，一个人会有什么结局，不是偶然的，而是他一次次决定与选择的结果。

李斯年轻时在家乡是一个小官。有一次，他去厕所，看到老鼠正在吃垃圾，一见到人或狗，就仓皇乱窜。后来，他又在仓库中看到老鼠偷吃粮食，见到人也不惊不慌，因为仓库太大了，人根本管不过来。

看到两种不同环境下的老鼠，李斯不禁感叹："一个人有没有出息，就像老鼠一样，是由自己所处的环境决定的。"他从老鼠身上感悟到：人要想出人头地，就必须像在粮仓中吃粮食的老鼠，这样才能为所欲为，不再担惊受怕。

李斯本身也是一个不甘平凡的人，想要闯出一番天地来。于是，他决定辞去小官，到齐国向荀子学习治理天下的学问。这个决定可谓是他人生的巨大转折点。

荀子是当时的儒学大家，他继承了孔子的思想，但不墨守成规，从当时的政治局势角度对儒学进行了改造，他主张"性本恶"的观点，很接近法家的思想。李斯学业有成后，开始思考去哪个国家才能发挥自己的才能，李斯认为楚国是没有前途的，而齐、赵等国家势力也已衰弱，国力都不如秦国。所以，李斯决定去秦国。

到秦国后，李斯选择到秦相吕不韦家充当门客。吕不韦很欣赏他，很快就任命他为郎官,这样就有了接触秦王的机会。

一次,他对秦王说:"想要成大业,关键是要抓住时机。以前,秦穆公称霸天下,但却不能吞并六国,为什么?因为周朝的威望还没有衰落,诸侯各国的人数还很多,时机还不成熟。现在秦国的力量强大,足以扫平诸侯,统一天下。这是千载难逢的好机会,如果现在不行动的话,等到诸侯国强大起来,恐怕就很难再吞并它们了。"李斯的这一番长论,得到秦始皇的赞赏,因而被提拔为长吏。

就在秦王准备采取行动统一六国时,韩国人郑国以修建水渠之名到秦国做间谍被发现。这时,秦国的贵族大臣们都纷纷上谏说:"从各国来秦国的人,多数是为了他们国家的利益来扰乱秦国的,请求大王将客卿统统驱逐出境!"秦王于是下了"逐客令",李斯也被列在其中。

然而,李斯却不甘心,他好不容易有了一点小成就,怎么能这么轻易放弃呢?于是他决定上书秦王,劝秦王不要逐客,这就是著名的《谏逐客书》。李斯的《谏逐客书》不仅为秦国挽留了自己,还为秦国网罗了一大批人才。

公元前 221 年,秦王结束了长期诸侯国分裂统治的局面,统一了中国,成为中国历史上第一个称"皇帝"的君主。

天下统一了,接下来就是如何治理天下的问题了。这时,朝廷内主要分为两大派,丞相王绾建议秦始皇分封他的儿子,设置诸侯王;廷尉李斯等人则反对王绾,主张实行郡县制。

实际上,分封制与郡县制的选择也是本土宗室大臣与客卿之间的政治较量。宗室大臣希望用分封制来稳固自己的势力,而李斯等外来客卿则不希望被宗室的力量压制,所以坚决抵制分封制。当然,这些都是臣子们暗地里的较量,秦始皇想的是如何稳固自己的江山!

李斯的理由是:"周文王、周武王所分封的子弟及诸侯很多,但是到最后都互相攻伐,如同仇敌,最终导致分裂与动乱。如果设置郡县,皇子与功臣用重赏代替分封,容易控制,这是使国家安定的策略。"秦始皇听后十分赞同。

郡县制其实起源于春秋后期。当时的郡、县没有相互统属的关系,与秦朝时有所区别。史料显示,楚国是设置郡县最早的诸侯国。楚武王灭掉权国后,将其改成县,这就是郡县之始。春秋后期,县制开始逐渐推广。到了战国时期，县的设置已经比较广泛，并开始转为实行官僚主义的县制。郡的出现比县晚，秦穆公九年（公元前651年），为秦国设郡的最早记载。当时郡的地位比县低，但是并无相互统属的关系。

商鞅变法后，秦国开始大规模实行郡县制，但在设置郡县制的同时仍然保有封国，只不过这些封国的势力被王室所削弱。封国仍然享有人口、土地与军队，依然能够与秦王相对抗。商鞅被秦惠公追杀时，就曾回到自己的封地起兵反抗。秦昭王时"四贵"把权，使秦王的势力受到压制。秦国因为实行郡县制而强大起来，但也因为郡县制未彻底而使得国力被削弱。

秦国本是诸侯国出身，西周的灭亡使秦国认识到诸侯的不可靠，再加上嫪毐的反叛，更是给秦始皇以深刻的警示。秦始皇权衡两种行政制度，最终采纳李斯的建议，任命李斯为丞相，实行郡县制，全国分为三十六郡，郡下设县。

秦国统一后，领土空前广阔，大部分为六国故土，秦国在六国都城设置郡县，加强了对六国故民的思想控制，有效地削弱了六国的文化影响。而且中央的集权性质可以使朝廷很好地组织军事力量抵御边防匈奴的外侵。

然而新的制度是不会轻易被稳固地建立的。

公元前213年，秦始皇在宫中设宴招待群臣时，仆射淳于越建议皇帝实行分封制。他说："殷周之所以能够存在千年，就是因为将天下分给了子弟与功臣。现在天下这么大，宗室子弟都没有封地制，万一发生了变动，谁来相救呢？不学习古代经验而能统治长久的，还没听说过。"

秦始皇听后大为不悦，于是让李斯与他理论。李斯说："时代在变化，治国的方法也该不同，前代的做法不值得效仿。那时诸侯并列，你争我夺，现在天下统一了，情况变了，不用学古代。"李斯认为，儒生总在讲过去如何如何好，这是以古非今，蛊惑民心的做法，不利于天下统一的言行必须禁止。

最后，李斯追根究底，将一切归罪于人们读书的缘故，于是建议秦始皇焚书。

秦国自商鞅变法以来，一直是依法治国。秦始皇统一天下后，也是依法家思想治国。做皇帝后，秦始皇主要是制定法律，加强中央政权，统一文字度量衡等。

淳于越以儒家思想为秦始皇提出建议，显然与皇帝的观点相悖。而李斯善于观察，为了迎合秦始皇，于是顺势提出了打击儒家势力、焚书的主意。这个主意很容易就得到了秦始皇的认可。于是，《秦记》以外的诗、书和诸子百家的书都被烧掉了，除了博士官收藏的诗、书等，只允许读医药、卜筮、种植方面的书。如果有再敢讨论诗书者，将其暴尸街头。

　　中国有个成语是"焚书坑儒"，就是这个成语让秦始皇与李斯成了历史上的罪人。然而，秦始皇真的是我们认为的"坑儒"了吗？

　　其实，所谓的坑儒是汉武帝在罢黜百家独尊儒术之后，给秦始皇的一种"欲加之罪"。秦始皇的确有一次坑杀了四百六十人，但是其中也许有儒士，也许没有，所以根本就谈不上"坑儒"。

　　"焚书"是事实，但是在那个时代，从秦始皇的角度来看，也是可以理解的。当时，秦始皇统一天下，肯定要想尽一切办法维护天下统一。秦始皇焚书的目的是要进行一次文化大毁灭吗？肯定不是。那个年代还没有"文化"之说，人们读书的目的就是为了治国平天下。

　　秦始皇与李斯认为，治国思想不统一，江山就难以稳定。秦始皇焚书的目的，其实就是为了统一人们的思想，没想到，却演变成了所谓的"焚书坑儒"事件。当然，这也反映了秦始皇的暴政。

　　公元前 210 年，秦始皇去世，秦二世胡亥继位。李斯的地位因此大大下降，被宦官赵高赶上，两人暗地里互相较量。胡亥的统治手段更加残暴，为了镇压农民，不断地从关中征军去打仗，给百姓造成了巨大的压力。同时，为了修好阿房宫，更是将百姓推入了苦难的深渊。当时，全国百姓反秦起义，李斯劝胡亥停建阿房宫，减少徭役。彼时，胡亥正与美女饮酒作乐，见李斯等人上谏，怒火大发，下令将他们抓捕入狱。李斯在狱中多次上书，都被赵高私下扣留。赵高还趁势诬告李斯与其儿子李由谋反，对李斯进行严刑逼供。李斯被迫承认谋反，由此也成了中国历史上第一个被屈打成招的丞相。

　　《史记》中记载："二世二年七月，具斯五刑论，腰斩咸阳市。"中国历代的丞相，结局最可悲、最惨的人要数李斯了。先被刺脸、劓鼻、剁肢，随后腰斩，接着砍头，最后再慢慢碎尸。

　　每个人的结局都是他自己所选择的。从李斯选择做一只粮仓中的老鼠,他的人生就注定要与权力挂钩,一心追逐权力就注定不会有好的下场。风水轮流转,历史上大权在握的人有几个能华丽退场的?

在押往刑场的路上,约七十三岁高龄的李斯对同他一起受刑的儿子李由说:"吾欲与若复牵黄犬俱出上蔡东门逐狡兔,岂可得乎!"牵狗逮兔子是很普通的事情,但是对于一个享尽荣华富贵、死在当头的丞相来说,能有这样的想法,却是一种顿悟。

李斯这种面对死亡的从容,让人真切地感受到了他平静又激荡的内心。他对牵狗逮兔子的怀念,也算是他对追逐富贵权势的一生的否定。如果此时再让他看见厕鼠与仓鼠,不知他会发出如何感慨。或许他会选择做一只自由翱翔的飞鸟吧!

虽然最后落了个惨死的结局,但是他的人生也足够绚烂。作为大秦丞相,李斯在巩固秦朝统一政权,促进经济、文化发展方面,作出了不可磨灭的贡献。他建议秦始皇废除分封制,实行郡县制;还向秦始皇提出了统一文字的建议,并亲自执行这一任务,用小篆写了一部《仓颉篇》,作为范本,推行全国;李斯还在统一法律、货币、度量衡方面作出了巨大贡献。

功盖群雄——萧何

萧何,秦朝泗水沛(今江苏沛县)人,后来辅佐刘邦建立汉朝,因而成为汉朝的丞相。

萧何是汉朝当之无愧的第一功臣,功盖群雄,但是在古代,臣子有多大的功劳,往往就会陷入多大的昏暗旋涡。

萧何伟大人生的开端就是结识了刘邦,他们二人是贫贱之交。萧何早年,通晓律法,勤奋好学,是沛县的主吏掾。刘邦是亭长,萧何曾多次利用职权维护他。

萧何与刘邦二人的性格完全不同。萧何谨慎守法,办事干练,乡里乡外他都打理得井井有条。他的功绩曾被评定为全县第一,是难得的人才。而刘邦桀骜不驯,但他的身边却聚集着一帮铁杆朋友。

萧何是刘邦的上司。论社会地位与经济实力,刘邦都不如萧何,但是萧何却对刘邦另眼相待。当刘邦被派到外地服徭役时,其他人都资助三百钱,只有萧何给他五百钱。当时这五百钱算是很重的人情了。在等级森严的古代社会,萧何为什么能够超乎寻常地对刘邦好呢?

其实萧何和刘邦的性格是互补的。

萧何欣赏刘邦敢作敢为、有事能够担当的性格。而且经过多次的席间交谈,萧何发现刘邦虽然表面上傲慢无礼,但是有肚量,哪怕是酩酊大醉时,刘邦对于有理的话也能马上醒悟,瞬间变成另一个人。萧何对刘邦的缺点看得很清楚,但是他却懂得互补的需要,欣赏刘邦身上自己没有的长处。

可以说萧何是一个极其聪明的人。他洞察到刘邦有干大事的气度,所以对他格外尊重。萧何也是一个有胆识的人,他认准了刘邦之后,就把自己的整个人生押在刘邦身上。虽然萧何的做法有点押宝的性质,但是他确实选择了一只潜力股，并最终实现了自己的人生价值。

秦朝末年，秦始皇驾崩后，胡亥继位，他听信赵高的谗言，不理政事，而且荒淫无度，对百姓强征暴敛，修筑许多劳民伤财的工程。刘邦作为亭长，押了一批奴隶到骊山修皇陵。途中，奴隶跑了很多。后来，刘邦干脆遣散了所有奴隶，最后有十几个人愿意留下来跟随刘邦。刘邦当时还没有下定决心起义，但是也没办法回到沛县交差，于是就找了一个地方藏了起来。

公元前209年，陈胜、吴广起义。很多郡县的人纷纷杀死他们的上司来响应起义。沛县县令害怕自己也被杀掉，所以就想化被动为主动，直接参与起义。他找萧何商量，萧何对县令说："您是外地人，在这个时候，很难赢得百姓的信任，不如找在外面流浪的人回来，慑于他们的威力，老百姓也就不敢违抗了。"县令同意后，萧何就派人去找刘邦。

表面上，萧何是为县令出谋划策，实际上他是帮助刘邦篡权！

这个时候，刘邦已经发展了一支几百人的队伍。当刘邦回到沛县后，县令却后悔了，他怕刘邦不好控制，威胁到自己的地位，于是就命人将城门关闭，并准备杀掉萧何与曹参。萧何在县衙的人缘非同一般，县令刚下达捕杀萧何的命令，这个消息就传到了萧何的耳朵里。萧何与曹参连夜逃亡，找到了刘邦。

既然撕破了脸，那就好办了：打！萧何建议智取沛县，写了一封战书射入城中，鼓动百姓杀掉县令，一起保卫家乡。百姓们早就对这个昏聩的县令不满，于是杀了县令，打开城门迎接刘邦、萧何、曹参。

大家进城后，聚在一起开会，商讨以后如何发展，谁做沛县县令。萧何认为，习武的刘邦最合适，而且萧何早就下定决心要辅佐刘邦，所以坚持推举刘邦为沛县县令。在萧何的坚持下，没有人反对，于是刘邦成了沛县的县令，人称沛公。

可以看出，这件事从头到尾都是在萧何的鼓动下完成的。如果没有萧何的帮助，刘邦可能就是一个草寇，成不了大气候。萧何扭转了刘邦的人生。

刘邦称沛公后，宣布萧何为丞督事。从这时起，他们二人的身份已经发生了天翻地覆的变化。名义上，刘邦为沛县县令，萧何为县丞，但作为一支起义军来说，刘邦是君王，萧何是丞相。

众所周知,萧何是大名鼎鼎的"汉初三杰"之首。在智谋方面,萧何不如张良,在军事指挥方面,萧何不如韩信。他到底做了什么事能够占据开国第一功臣的位置?

功勋一:刘邦带军攻入秦王宫后,手下众将都纷纷抢夺金银珠宝,刘邦自己也忍不住跑到秦宫,摸摸这摸摸那,恋恋不舍。只有萧何进入咸阳后,不恋财物,不迷美色,急匆匆地跑到库府,将国家所有户籍、地图、法令等资料档案收集起来,以备日后之用。这就是萧何无人能及之处!正是靠着这些资料,刘邦对全国的要塞、户口多寡、贫富情况及风俗民情了解得一清二楚,得以在楚汉之争中占据优势。

功勋二:刘邦做了汉王后,率军东进,平定三秦,萧何则留守后方,治理巴蜀,稳定民心,为军队提供粮草。开发巴蜀,镇抚关中,保证后方稳定是萧何在楚汉之争中所立下的最大功劳。

自古打仗,都讲究"兵马未动,粮草先行"。打仗首先要解决粮草。萧何在后方为军队征集粮草,从没让汉军断过粮。另外,刘邦还多次打败仗,兵力减少,就得接着招兵。萧何却能在形势不利的情况下有效地补充刘邦的军队,足见其能力不凡。

功勋三:萧何给刘邦介绍了当时的军事天才韩信,正是有了韩信,刘邦才有了统一天下的可能。

韩信起初隶属于楚国,弃楚投汉,依然默默无闻。但是,萧何已经发现韩信是个奇才。后来,军至南郑,很多将军都跑了,韩信自觉在刘邦手下没有出头之日也跑了。萧何一听韩信跑了,没来得及请示刘邦,就去追韩信。手下向刘邦报告说丞相也跑了,刘邦听后又惊又怒。

过了两天,萧何回来了,刘邦又喜又怒道:"你怎么也要跑?"萧何说:"我怎么可能跑,我去追要跑的人了。"刘邦知道他是去追韩信后说:"你骗谁!将军们跑了十多个,你为何只追韩信一个?"萧何说,之所以追韩信,是因为他是一个奇才,并说:"如果你只想做个汉中王,可以没有韩信;但是如果你想与项羽争天下,就非用韩信不可。"在萧何的劝说下,刘邦选择良辰吉日,拜韩信为大将。

一夜之间韩信从一个无名小卒成为大将军,一统三军。如果没有韩信的帮助,刘邦能否打下江山,也是未知。萧何发现并推荐了韩信这样一位军事天才，为汉朝的建立立下了不可磨灭的功劳。

事实上，萧何的最聪明之处，就在于识人。他真正识别的最重要的人，就是汉高祖刘邦。

公元前 202 年，刘邦称帝后开始论功行赏。最后，刘邦定萧何为最大的功臣，食邑最多。其他将领们都不服，说自己都身经百战，而萧何只不过动动嘴皮子，他们哪一点比不上他？刘邦听后问大臣："打猎的时候，追杀猎物的是猎狗，而指挥狗的是猎人。诸位只是捕获猎物，等于猎狗的功劳。而萧何指挥猎狗追逐目标，等于猎人的功劳。你们说谁的功劳大？"大家听后都无言以对。

刘邦对萧何的评价是客观的，正所谓"千军易得，一将难求"。萧何虽然没有张良与韩信的军事才能，但是他所做的事情都是别人做不到的。"汉初三杰"缺了谁，刘邦都不可能赢得天下。但是，萧何的功劳无疑是最大的，他可以是汉朝江山的奠基者。

可惜自古以来，"勇略震主者身危，而功盖天下者不赏"。对萧何来说，功盖群雄，是福也是祸啊！

而刘邦平定异姓王后，除了给萧何加封外，还特派了五百名侍卫保护萧何。很多人都向萧何致贺，萧何自己也很高兴。然而有一个叫召平的人却对萧何说："丞相，您马上就大祸临头了。皇上常年在外打仗，您留守在京城。没有什么特殊功劳，皇上却给您加封，又给您安排侍卫，这并不是宠爱您，而是防范您啊！您只有辞掉封赏，并将全部家产捐给军用，这样才能消除皇上的疑心。"萧何听从了他的劝告，刘邦果然很高兴。

后来英布谋反，刘邦亲自率兵征伐。他身在战场，但是每次萧何派送军粮时，刘邦都"关心"地问使者："丞相在做什么呢？"使者每次都回答："丞相除了置办军需外，还做些体恤百姓的事情。"刘邦听后总是不太愉悦。

使者回去后告诉萧何，萧何也没有多想。一次，他偶然与门客谈到这事。门客忙说："丞相，这样下去，您就要满门抄斩了！"萧何大惊，不知缘故。门客说："您身为丞相，还有比这更高的封赏吗？况且您一直在京城留守，一直在想办法为民办事，深得民心。皇上总是问您的日常工作，就是害怕您凭自己的威望有什么不轨行为啊！您为何不贱价强买民宅民田，制造一些坏名声，让百姓骂您？这样，您不得民心了，皇上才对您放心。"萧何听后长叹一声，说："我怎么能去做剥削百姓的事情呢？"门客说："您这是糊涂啊！"萧何何尝不明白这个道理，但是作为一个一心为民的丞相，如今为了讨好皇上却要做些自污名节的事情不可笑吗？

最终，萧何还是说服了自己，故意做了些强夺百姓财产的事情来自毁名声。不久就有人将萧何的所作所为传给了刘邦。刘邦听后，没当回事儿。刘邦回长安途中，百姓拦路上书，说丞相强夺民宅，价值数千万。刘邦回宫后，萧何见他时，他将百姓的上书给萧何看，并意味深长地说："你身为丞相，竟然与百姓争利，你这是'体恤'百姓啊？你自己向百姓谢罪吧！"刘邦表面上让萧何认罪，其实心里对萧何的怀疑早已消失。

然而，萧何毕竟是个老实人，违心地干了侵扰百姓的事情，心中总想着找机会弥补百姓。不久，萧何见京城一带耕地面积少，百姓缺衣少粮，而皇上的上林苑却有许多荒地来放养猎物。萧何觉得太浪费了，于是就奏请刘邦将荒地分给百姓耕种。

刘邦见到奏本后，觉得萧何是借此事来讨好百姓，怒火中烧，立即将萧何抓了起来。群臣们都怕自己受牵连，没有人敢为他求情。幸好有一个王卫尉很崇拜萧何，于是找机会便问刘邦："丞相犯了什么罪？"刘邦说："别提他！提他我就生气。当年，李斯当秦国丞相时，好事都归秦王，出错了都自己扛。现在萧何收了商人的贿赂，竟要我开放上林苑给百姓耕种，自己得个好名声，不知道把我当什么了！所以才要将他抓起来！"

王卫尉说："只要对百姓有利，就为民请命，这是丞相该做的事情啊！皇上怎么会怀疑丞相收了商人的好处呢？当初您与项羽争霸多年，丞相镇守关中，他若想取得关中，不过是举手之劳。丞相对这样的大利尚且不图，如今怎会贪图这些小利呢？何况秦朝灭亡，就是因为秦王不听臣下的建议，一意孤行。李斯承担了所有罪过，又有什么用呢？皇上您这样怀疑丞相，是没有认真考虑过吧？"刘邦听了心里虽然不悦，但是觉得他的话毕竟有理，于是就派人放了萧何。

刘邦三次怀疑萧何，然而萧何并没有因此而生气，而是虚心接受他人的建议将侍卫、财产甚至个人名节全部献出，直至刘邦的疑心消除。萧何死后，后嗣有四世因犯罪而失掉爵位，但是天子总会再找到萧何的后嗣，重新封侯，这是其他功臣所不能比的。

足智多谋——张良

张良,字子房,刘邦打天下时的重要谋臣,是汉朝的开国元勋之一,与萧何、韩信并称"汉初三杰"。

中国有句俗话是"你有张良计,我有过墙梯"。当我们想出一个厉害的点子时,常称其为"张良计"。此处的张良指的就是"汉初三杰"的张良。

刘邦曾赞扬张良说:"夫运筹帷幄之中,决胜于千里之外,吾不如子房。"张良的足智多谋也为后世所赞扬,所以才有了"你有张良计,我有过墙梯"一说。

"汉初三杰"之中,韩信被杀,萧何坐牢,张良是汉朝建立后最平安无事的一位。因此,他也成为古今文人所推崇的第一偶像。

张良与汉室其他功臣与众不同的一点就是他的出身。

他是战国末期韩国贵族。其祖父、父亲都曾是韩国的宰相,张家可谓宰相世家。如果秦国不灭韩国的话,张良肯定就是下一代的宰相。也正因为如此,张良赢得了刘邦的尊敬。作为汉朝开国皇帝的刘邦,是不怎么尊重一起打天下的开国功臣的,即使对于萧何、韩信,他也都是直呼其名。但是张良却是唯一的例外,刘邦总是亲近和尊敬地称呼张良为"子房"。

当然,张良被刘邦所尊敬,并不可能是"贵族出身"这么简单,真正要靠的还是"真材实料"!

张良虽然并不强健,但是却喜欢打抱不平,很讲义气,曾经搭救过杀人逃跑的项伯。秦朝统一六国后,张良一心想要复仇,于是便有了刺杀秦始皇的举动。秦始皇东游时,张良带刺客在博浪沙偷袭未成,只好隐姓埋名逃到了下邳。在那里,他的人生踏上了另一条路。

陈胜吴广起义后,张良也顺势召集了百余人起义,但是终究没成气候。

后来，他遇到了刘邦，便跟着刘邦做了一个偏将。

张良"圯上敬履"得到《太公兵书》后，经常学习、琢磨，还时常跟人讲解，但是人们几乎都不理解。刘邦虽然没文化，但是却总能明白张良的意思。所以，张良很佩服刘邦，并对人说："沛公刘邦是上天派到人间的！"这句话虽然简短，但是仔细品味却饱含深意，它最大的意义在于神化了刘邦。

在那个年代，出身贫寒的刘邦想要成就大业，必须要经过一番改头换面，为什么？因为在刘邦之前，还没有一个不是出身贵族的君王。刘邦既不是贵族，也没有厚实的家业。此时他亟须美化，而出身显贵的张良恰为他献上了非同一般的称赞，一下子将刘邦推向了神坛。

张良比萧何更胜一筹的是，他总能在关键时刻出手。比如，在刘邦匆匆西进时，张良敏锐地看到了西进容易导致腹背受敌的危险，马上提醒刘邦一定要先克宛城，然后再西进，这样才可攻可退。此后，又是在张良的计策下，刘邦一举夺取了峣关，最终抢在项羽之前进入咸阳。此后不久，还是因为张良与项伯的交情，才使得刘邦免遭杀身之祸。

项羽夺得天下后，自封为西楚霸王，分封了十八个诸侯王，刘邦被封到了偏僻的巴蜀。在张良的帮助下，项羽又给刘邦加封了最易守难攻的汉中地区。而张良必须离开刘邦，到韩王那里去。走之前，张良提醒刘邦烧掉入蜀的唯一栈道，以表示无东顾之意，消除项羽的猜忌，同时也可以防备他方攻击。这样就可以养精蓄锐，等待时机了。张良此计可谓用心良苦，保证了刘邦日后的发展。

张良到了韩国，韩王因为张良跟随汉王的缘故，项羽不让他回封国去，让他跟随自己一起东去。张良告诉项羽："汉王已经烧掉了栈道，不可能再回来了。"张良又把齐王反叛之事告诉了项羽。因此，项羽不再疑心刘邦，而起兵攻打齐国。后来，项羽将最为弱小的韩王也给杀了。这就给张良投靠刘邦找了一个很好的理由。张良逃回刘邦那里后，刘邦已经平定三秦。刘邦封他为信侯，跟着攻打楚国。

此后的楚汉之争，刘邦最后能够战胜项羽，主要还是张良的功劳。两方交战，较量的不仅仅是兵将、粮草的多少，更重要的是军队的团结。若军队人心不齐，想要取得胜利是根本不可能的事情。

公元前204年，刘邦被项羽围困，一时之下做出分封六国后人为王的决定，想要以此来牵制项羽。幸亏张良及时指出分封后的利害，他说："现在这些人跟着你出生入死，为的就是以后得到封地，而现在你却封六国后裔，等于灭掉这些人的希望，这样谁还跟着你打拼啊！"刘邦听后知道自己差点犯下大错，于是马上改变了主意。

韩信平定齐国之后，韩信写信给刘邦说，齐国应该有个王来治理，就请刘邦让他代理齐王。刘邦看完信后大怒，张良提醒刘邦，刘邦这才改口说："要做就做真王，做什么代理王！"这满足了韩信做王的心愿，他才愿继续效力。

刘邦与项羽作战，围困项羽后，但是韩信与彭越却不赴约来参战。张良聪明，他了解韩信、彭越的心思。因为二人被封王后，一直挂着虚名，管辖的范围都没划定，没有得到封地，自然不想卖力。张良发现问题后，急忙建议刘邦给他们辽阔的封地，这样他们才率兵参战。在各路大军的夹击下，项羽自刎而死，刘邦赢得了最后的胜利。

张良虽然没有直接参与战役，但是他的计谋却大大地影响了战争的形势。

刘邦称帝后，张良的一些计谋对刘邦稳固江山也起到了至关重要的作用。统一了天下，刘邦首先面临的就是封赏的问题。一天，刘邦发现将领们三三两两地聚在一起议论，便问张良是怎么回事。张良说，他们在商量谋反。刘邦一听吓住了！因为当时刘邦先封了一些大功臣，其余的正在评定功劳。而且刘邦分封时有所偏袒，杀了几个不喜欢的人，所以得罪过刘邦的人都忐忑不安。刘邦让张良想个计策。张良问："你最讨厌谁？"刘邦说："雍齿。"于是，张良建议刘邦先封雍齿为侯。这样，将领们都高兴了，说："雍齿都能封侯，我们就更不用担心了！"

张良的最聪明之处就是在刘邦统一天下后，能够像范蠡一样功成身退。刘邦让张良自选三万户为食邑，张良深知"卸磨杀驴"的道理便拒绝了。但是如何拒绝也是门学问，张良先是委婉地拒绝了刘邦的封赐，然后又请刘邦将他俩第一次见面的留地赏赐给他。注意这个地名"留"，这可是一个饱含深意的名字！这就是被后世称为留侯的张良的聪明之处！随后，张良称病不出，专心学习黄老之术，甚至开始辟谷练气。公元前186年，张良病逝于长安，谥号文成侯。

张良虽是文弱之士，却"运筹帷幄之中，决胜于千里之外"，为世世代代所称赞。他是一个政治家，但是却不干涉行政权力，他是一个军事家，但是却不掌握军权。或许这正是他能够得到善始善终的原因：不触碰权力！

鞠躬尽瘁——诸葛亮

诸葛亮,字孔明,三国时期蜀汉丞相。

纵观三国人物,最让人津津乐道的莫过于诸葛亮了。然而我们多数人心中的诸葛亮其实只是《三国演义》的作者罗贯中神化出来的,他只不过是一个文学中的典型人物而已。

鲁迅就曾表示,《三国演义》"状诸葛之多智而近妖",诸葛亮被罗贯中塑造成了智慧的化身。那么,真实的诸葛亮到底是什么样子的呢?

诸葛亮一生中所做的最大的决定,就是跟随刘备。当时,曹操占据北方。而且曹操本人有谋有略,任人唯贤更是举世皆知。诸葛亮不去投奔曹操,而去投奔一个落魄无比、寄人篱下的刘备。结果,赤壁之战将曹操的统一霸业毁于一旦,开启了三国混战的局面。

诸葛亮非选刘备不可的原因到底是什么?

刘备不值得选的理由有很多,所以,从某种角度来说,诸葛亮选择跟随刘备并非因为刘备的实力条件,而是跟随刘备符合他的思想境界。

诸葛亮出生于琅琊阳都的一个官吏之家,父母早逝,所以他和弟弟就与被任命为豫章太守的叔父诸葛玄一起生活。诸葛玄失掉官职后,投奔老朋友刘表。诸葛玄去世后,诸葛亮和弟弟成了孤儿,便迁居到隆中,以种田为生,成为没落士族。

虽然生存境况艰难,但是诸葛亮却坚持读书学习,上知天文,下知地理,而且精通兵法。同时他还十分注意观察当时的局势,喜好读《梁父吟》,可见他是有治国大抱负的!

诸葛亮是历代知识分子的榜样,儒家的忠孝仁义、高风亮节,是他毕生践行的标准。而曹操"挟天子以令诸侯",属于篡权者,人称"曹贼"。以诸葛亮的性格与为人，他自然不会投靠曹操。

另外，诸葛亮所推行的治国理念是内儒外法，而曹操实行的则是强权统治。道不同不相为谋，诸葛亮是一个自比管仲、乐毅的人，他想要做的是大事，所以自然不想被曹操压制。

而刘备则是推崇内儒外法的治国理念，这对诸葛亮来说有极大的吸引力。刘备还有皇族的身份，曾参与讨伐董卓，表现出对汉室的忠诚，这与诸葛亮的气节也是相匹配的，诸葛亮同样有兴复汉室的愿望。再者，刘备手下有一流的武将，却没有一流的谋士，急需诸葛亮这样的人，诸葛亮因此也能有大展身手的机会。

所以，诸葛亮最终选择了刘备。既然刘备是最好的选择，为什么诸葛亮还要让刘备"三顾茅庐"呢？

有人可能会说，诸葛亮是一个文人，文人最大的特点就是清高，希望被人尊重，所以才折腾了刘备三次。这样说只是浮于表面，诸葛亮想要得到刘备的尊重是没错的，因为这样他才能在刘备那里实现自己的最大价值。而且，诸葛亮自比管仲、乐毅。管仲能够辅佐齐桓公"图王霸业"的一个重要原因就是齐桓公具有大气度、谦恭礼让，并且从善如流的性格特点。诸葛亮让刘备"三顾茅庐"，估计也是有试探刘备三次的用意吧！

诸葛亮见了刘备之后，马上就提出了鼎足三分，联孙抗曹，进而统一天下的战略思想，著名的《隆中对》显然是做过充分准备的。诸葛亮不想浪费自己的满腹才华，他也想干出一番事业，所以他肯定要在刘备来之前做一番准备。首先，他想如何回答刘备的问题，好让刘备相信自己的能力。直到刘备第三次来，诸葛亮将准备工作做好了，所以他才能详细说明统一天下的方法、步骤。如果诸葛亮没有做好准备，又怎能对答如流，赢得刘备的信任呢？

最终在诸葛亮的主张下，刘备与孙权一起联合抗曹。在赤壁之战中，以少胜多，大败曹操，形成了三国鼎立的局面。

孙刘的联合对刘备来说是"一本万利"的。所以陈寿在《三国志》中说，诸葛亮对刘备的翻身，对三分天下的实现，是有巨大功劳的。诸葛亮能劝说孙权同意，并以平等的姿态联合孤弱的刘备，实属不易。这就是诸葛亮的能力！

按照诸葛亮的计划，蜀汉需要"西和诸戎，南抚夷越，外结好孙权，内修政理"，如此"霸业可成，汉室可兴"。可惜关羽大意失荆州，刘备又东征与孙权发生矛盾。失去荆州，就等于失去了一个粮仓，失去与孙权的联盟关系，从而陷入腹背受敌的境地。结果兵疲民乏，元气大伤，蜀汉失去了统一天下的实力。

223年，刘备病重，于白帝城托孤，对诸葛亮说："你的能力十倍于曹丕，必能治国成大事。如果我儿行，就帮助他，不行，你就取代他！"诸葛亮听后，泣拜于地说："我一定尽到为臣的责任，以死效忠！"

以当时的情况，蜀国只能是退守川中，以求自保。但是诸葛亮答应刘备一定要统一天下，而刘禅无能，诸葛亮只能不断地北伐，以求在有生之年兑现自己对主公的承诺。"补缀天地，恐不易为，徒费心力耳"，诸葛亮知道自己死后，刘禅必定亡国，所以自己就活一天尽一天的忠，正所谓"鞠躬尽瘁，死而后已"。

234年，诸葛亮率领军队到五丈原上，准备攻占魏国在关中的重镇眉县，然后向长安进攻。五丈原是一大片地势较高的平地，是一个安营扎寨的好地方。司马懿听说蜀军到达后，率军在五丈原不远的险要关口驻扎下来，坚守不出，准备拖垮蜀军，逼他们退走。诸葛亮给司马懿送了一身女人衣服刺激他出兵应战，但是司马懿并没有上当，依然坚守不出。就在这一年，诸葛亮因操劳过度，病逝于五丈原。因此留下了"出师未捷身先死"的遗憾。

相比于《三国演义》中的诸葛亮，真实的诸葛亮并非像罗贯中所描绘的那样能呼风唤雨，他并没有做过"草船借箭""借东风""空城计""七擒孟获"等事迹。当然，真实的他也是博学多才，具有高尚品格的人。陈寿就夸奖他："亮性长于巧思，损益连弩，木牛流马，皆出其意；推演兵法，作八阵图，咸得其要云。"

诸葛亮算是历史上很奇怪的人物。作为政治家，他并没有实现统一天下的大业；作为军事家，他五次北伐均无功而返。以成败论英雄的话，诸葛亮与那些统一了天下的帝王将相无法相提并论,但是他的名声却世代流传。这说明人的精神才是最宝贵的财富。

诸葛亮辅佐刘备,为"兴复汉室",南征北战,鞠躬尽瘁,他治蜀所取得的功绩和表现出来的聪明才智、忠贞气节及奉献精神,一直为后人所景仰,无怪乎罗贯中将他神化为完美的智慧偶像。

东晋"萧何"——王导

　　王导,字茂弘,琅琊临沂人,东晋时期的政治家,是东晋的建国功臣。

　　在萧何以后的时代里,"萧何"从汉朝第一功臣的名字演变成"大功臣"的代名词,而王导就是晋元帝的"萧何"。

　　在王导的辅佐下,司马睿称帝,为晋元帝。当晋元帝在御座接受群臣叩拜时,他竟然也叫王导来一起坐北朝南,接受叩拜,以表达对王导的感激,所谓"王与马,共天下",这种做法实属罕见!为什么晋元帝会做出这样的举动呢?

　　司马氏篡夺了魏朝的政权之后,建立晋朝。司马炎认为魏朝的灭亡,是因为皇族子弟没有权力,皇室孤立了。于是,他就大肆分封司马氏诸侯王镇守各地。结果司马炎死后,发生八王之乱。就在王室争斗之际,北方大部分领土落入民族部落的手里。大量汉人遭到屠杀,北方士族纷纷南迁,王导就是其中的一个重要人物。

　　"旧时王谢堂前燕,飞入寻常百姓家","王"指的就是东晋王导的家族。王导属于琅琊王氏,从太保王祥以后一直是名门望族。王导的祖父官至光禄大夫,其父王裁曾任镇军将军司马。王导从小就很有胆识,当时的陈留高士张公就评价王导是"将相之器也"。王导与司马睿的关系素来很亲密,天下发生动乱后,王导就开始全心全意地辅佐司马睿,以求复兴朝纲。

　　王导与萧何一样,他独具慧眼,认为司马睿是可以依附之人。他还具有远见性,八王之乱早期,他就猜到天下必将大乱,于是力劝司马睿回到自己的封地,强大自己的实力。后来两人找机会转到了建邺,开始了创建东晋王朝的道路。

　　司马睿对王导也推心置腹,言听计从。司马睿并非晋武帝直系,而且势单力薄，没有任何实力，而江南士族势力强盛，东晋的建立就是被他们所推动的。南方士族之所以会这样做，司马睿是宗室这是其一，更重要的是，他们看到了司马睿背后潜在的实力，这就是以王导为核心的南渡北方士族。

司马睿刚到建邺时，没有人来登门拜访。当时西晋王朝分崩离析，王室在天下人的心里已经没有地位了。所以当地的士族百姓都很轻视司马睿、王导等人。

民心不归，王导十分苦恼。对于这些南下的北方士族来说，他们的命运是与司马睿绑在一起的。司马睿在南方无立足之处，王导等人也无立足之处。

后来王导对堂兄王敦说："琅琊王德行仁厚，但是名望不高，你现在的威望很高，要帮帮他啊！"于是在当地的"修禊节"，司马睿乘着奢华的肩舆，摆着皇家的仪仗，外出观看活动。王敦、王导等一些知名人士都骑马跟随，整个队伍庄严肃穆，将皇室的风范淋漓尽致地展现给了江南士族。表面上，他们是看修禊节，实际上是摆排场，故意让人看。

当地的顾荣、纪瞻等名门望族都在江边搭着席位过节，看到这一幕，他们内心受到了极大的震撼。他们见王敦、王导等这些人竟然对司马睿这么恭敬，都大吃一惊。他们根本没想到皇室互相残杀之后还能有这么大的势力，于是纷纷在路边施礼拜迎。

经过这次后，南方的士族们对司马睿的态度发生了大逆转。王导马上建议司马睿招揽人才，他说："现在天下四分五裂，建国大业才开始，正是需要人才的时候，顾荣、贺循在本地颇具威望，重用他们，自然就能收揽民心，这两个人来了，其他人就都来了。"司马睿十分赞成，于是就让王导亲自去见顾荣、贺循，两人欣喜而至。东吴灭亡之后，江东人士的仕途一直不顺，如今司马睿以高官厚爵相诱，南方各大名流自然就与司马睿团结在了一起。从此之后，司马睿的地位也确立了下来。

然而南北之间的界限依然明显。北方士族多具显位，而南方士族多是虚名具位，并无实权，难免不满。为了笼络人心，王导开始学说吴语（通行于江苏南部、上海、浙江等地）。名士刘恢第一次见王导时，正好是酷夏时节，王导光着膀子，用肚子在棋盘上蹭来蹭去，嘴里还念叨着："何乃渹！何乃渹！"在吴语中是凉快的意思。刘恢回去后，有人问他："王公这个人如何?"刘恢说:"没什么不同,只知道他会讲吴语。"这样一来,南方士族对王导的好感大大增加。

江南望族分为两种:一种是文人,另一种是武士。前者比较好笼络,但是后者难以驯服。当时,江南最大的武力强宗周圯因为受到北方人的侮辱,准备起兵讨伐北方政权。阴谋败露后,气成重病,临死时对儿子周勰说:"我是被那些伧子给气死的,你要为我报仇!"周勰遵从父亲的遗言谋划着要起兵进攻王导,先是假借叔父周札的名义招揽数千人马,周札发现后坚决反对,周勰因此不敢再有举动。但是周勰的族兄周续又聚众响应。

司马睿不得不起兵征讨,王导献计:"发兵少不足以平反,发兵多又伤实力。不如将此事交给周续的族弟周莚,他忠义有谋,可以解决此事。"果然周莚用计除去了周续。平反之后,朝廷并没有因此继续打击周家势力,反而任周札为吴兴太守,周莚为太子右卫率,并宽恕了周勰,照旧以礼相待。王导在处理南北士族之间的矛盾时,始终采取的是忍让与信任的态度,这进一步博取了南方士族的欢心。

另外,为了调解南北之间的矛盾,王导还实行了一个重要的政策,就是"侨寄法"。当时,南方望族最担心的就是北方士族抢夺他们的经济利益。因为南方望族都是大地主,其利益是不容侵犯的。为了让北方士族有立足之处,王导选择在南方士族势力较为薄弱的地区,设立侨州、侨郡、侨县,以安置北方的士族、民众为名,发展新产业。这样既可以发展北方人的势力,又不侵犯南方士族的利益,有效地平衡了南北之间的利益关系。而且这对于南方的经济发展也起到了一定的促进作用,可谓一举多得。

318 年,长安被匈奴攻破,晋愍帝被杀。司马睿由此成为王室唯一的合法代表,王导建议司马睿马上继位。东晋王朝很快在建邺建立起来,更名为建康,司马睿成了晋元帝,王导成为丞相。司马睿登基之日对王导的拥立之功感激万分,于是就出现了他在接受百官朝拜时,招呼王导平坐的事情,这在中国历史上实属罕见。

司马睿愿意与王导"共天下",真实地反映了司马睿在政治上对王导的依赖。另外,也可能是司马睿对这种君臣关系的不满,表面上是尊崇,实际上是暗示王导要有所收敛。司马睿愿意与王氏共治天下,其实也是不得不如此,王氏在鼎盛时期,朝廷中的官员有四分之三都出自王氏。而司马睿除了有一点皇族的血统，任何称帝的实力都没有。他在政权上完全依靠王导，军事上也基本靠王导的堂兄王敦。司马睿对此心知肚明，所以他不得不尊重王导。所以"王与马，共天下"一点都不夸张。

司马睿后来对王氏的势力十分警惕，他很不满王敦的骄横跋扈，想方设法削弱他的势力。比如，他将刘隗、刁协作为心腹，悄悄壮大自己的军事力量，他释放扬州地区沦为奴隶的北方流民，将他们组成军队，任命南方士族戴渊为将军，将这些军力分驻在合肥、淮阴，表面上是讨伐石勒，实际上是对抗手握兵权的王敦。同时，王导也被司马睿疏远，但是王导却并不在意。而他的堂兄王敦却不服，他见王导在朝中被冷落，自己的军权也受到威胁，就以反对刘隗、刁协为借口从武昌起兵，迫使刘隗逃奔石勒，史称"王敦之乱"。

面对这个局面，王导只好认定刘隗、刁协扰乱朝纲，支持王敦的举动。这也是因为当时王敦兵权在握，王导不得不以妥协的方式处理，要不然局面会更加混乱。当刘隗、刁协被除去后，皇帝的势力大大减弱，王敦则想进一步篡权。王导反对，他坚决维护帝室。在王导的坚持下，王敦只好撤兵回到武昌。

晋元帝死后，晋明帝司马绍继位，王导依然辅政。掌握兵权的王敦又起了篡权的念头，王导依然坚定地维护帝室。恰好王敦病重，不能亲自带兵，便由其长兄王含领兵。王导一方面写信给王含表达"宁为忠臣而死，不为无赖而生"的观点；另一方面部署重兵维护建康，并率子弟为王敦发丧，让防城的士兵以为王敦已死，以增士气。之后，王导又乘机命人偷袭王含阵营，王含毫无防备，大败。王敦得知后，病情加重，不久便死了。按理说，王敦谋反，应该灭族，但王导因保护帝室有功，所以仍保有东晋最大望族的地位。

正是在王导的调解下，王氏与帝室之间的矛盾才得以化解，避免了东晋朝大乱、篡权的混乱局面的发生。

王导在主政期间，始终以包容、忍让的方式来处理与统治阶层中望族的关系，尽量不去激化与望族的矛盾。王导深知，当时的王权并不牢固，南北潜在的矛盾一时难以调解，如果不使其处于平衡的状态，东晋必定会灭亡，王氏家族也将陷入灾难。可以说王导的一生主要就是在调解这些矛盾，正因有了他，东晋才能获得一度的稳定局面。

风流宰相——谢安

谢安,字安石,号东山。东晋时期政治家、军事家。

"旧时王谢堂前燕,飞入寻常百姓家"中的"谢"指的就是谢安的家族。

谢安一直是古代士人的人格典范,就连桀骜不羁的李白都对其充满敬仰之情。他既追求个人的精神自由,又能承担社会责任。他从不服从儒家礼教,当了宰相后依然我行我素,堪称风流宰相。

谢安出身贵族,博学多识。年轻时,他的才华就被认可,但是他却选择隐居东山,"东山再起"这个成语正是出自谢安。

自古文人相轻,尤其是在名士之风盛行的东晋,但是几乎无人轻言谢安。即使是"桓与马,争天下"的桓温对谢安也很欣赏。谢安为什么如此备受推崇?

首先,谢安长得很帅。

其次,谢安才华横溢,爱好音乐,弹琴出神入化;书法能力突出,中国书法的精华在东晋,而东晋书法界几乎是王家的天下,但是谢安的行书却仍能一枝独秀。

最后,谢安的东山归隐,更使他在人们心目中增添了一份神圣感。虽然归隐不出,但他一直是名士们的关注焦点,人们崇拜他的潇洒风范,处处模仿。比如,谢安的一位同乡被免官,一贫如洗,连回家的路费都没有了,只剩下以前收藏的五万把扇子。谢安从中拿了一把,随意地扇着,人们看到了,争相购买,甚至谢安吟诗带有鼻音也引来争相模仿。

谢安隐居在会稽的东山,经常与王羲之等人一起游山玩水。朝廷知道他很有才能,多次征召,谢安都一概回绝。直到四十岁时,谢安才出山。

谢安最初的职位很低,是征西大将军桓温的司马。走上仕途对谢安也是一种极大的考验，因为他的名声太大了，干不好就会遭到全天下人的嘲笑。历史上有很多名士出山以后都成为大家的笑柄。

谢安一生中做了两件大事：一是阻止了桓温的篡权行为，避免内战的爆发；二是指挥了著名的淝水之战。

谢安在桓温手下时，他不对抗桓温，但又与他保持距离。后来在桓温独揽兵权时，谢安对他也从来没有做过卑躬屈膝的事情，反而是桓温对谢安一再容忍。谢安对桓温换掉皇帝的事情表示不满，桓温不但没有发怒，反而感到羞愧。

谢安趁桓温不在建康时，拥立司马曜为帝，桓温想要除掉谢安，率领大队人马赶回建康，指定谢安、王坦之迎候，准备为他们摆鸿门宴。王坦之惊慌失措，谢安却淡然自若，他说："晋祚存亡，在此一行。"王坦之只好跟着谢安来到桓温营帐，紧张得汗流浃背，手中的朝板都拿颠倒了。谢安则不慌不忙，从容地对桓温说："自古以来，有道之臣，总是派兵马据守四方，您为何将兵将都安排在这里呢？"桓温无言以对，随后放声大笑，谢安也笑了，意味深长。

桓温见谢安如此淡定从容，便无再杀之意，将伏兵都撤了去。谢安仅用一句话就把桓温给说服了，桓温能与司马氏共天下，绝对不是等闲之辈，但是为何对谢安如此礼让？这正由于谢安非同寻常的人格魅力，不得不说谢安是一个罕见的奇男子！

383 年，前秦统治者苻坚率领百万大军南下，志在吞灭东晋。谢安受命于危难之中，担当起抵抗进犯的重任，谢安的成败之举就在于淝水之战。

战胜之初，谢安遭受到了朝野非议。因为谢安任人唯亲，他将兵权交给侄子谢玄、谢琰、谢石，整个晋军几乎成了谢家军。当时，谢安的这些侄子们都是第一次打仗，但是谢安信任他们，谢安之前也没有打仗领兵的经验。

当时，桓温的弟弟桓冲也手握兵权，他也十分信任谢安，并主动让贤于谢安，安心做自己的荆州刺史。作为一名军事家，他精选了三千精锐，交给谢安派遣。谢安却执意拒绝，荆州是重镇，还是留着加强防守较好，并让桓冲放心，已经安排妥当。桓冲无可奈何，愤然叹道："谢安是国家栋梁，但是根本不懂用兵，任命的将军全是没用的年轻人，国家就要亡了……"

谢安谈笑风生，组织兵马以洛涧大捷拉开了淝水之战的序幕。当时，谢玄等将领率领八万精兵开战之际，却被谢安找来游山玩水。游玩中，谢安将每个人的任务一件件交代得很详细。之后,谢玄率五千兵力夜渡洛涧,突破敌军前哨,斩杀秦将十名,歼敌一万五千,大获全胜。

晋军以劣势取胜,士气大振,于是乘胜追击,直逼秦军于淝水东岸。苻坚登寿阳城观望敌军,见晋军严整,又望八公山上的草木,以为都是晋军,恐惧万分。谢玄针对秦军人心涣散,以及苻坚轻敌又急于决战的心理,要求秦军略向后撤,以便使晋军过河以决战,表面上是想要迅速交战以分胜负,其实是要秦军产生溃败的心理。

苻坚没考虑那么多,反而想要在晋军正过河时趁机冲杀,于是同意后退。不料秦军一退不可止,再加上被俘的晋将朱序趁机大喊"秦兵败了",导致秦军大乱。晋军趁势猛烈进攻,一举歼灭百万秦军。秦军逃跑时闻风声鹤唳,草木皆兵,所以昼夜不停地逃跑,如惊弓之鸟,"自相蹈藉而死者,蔽野塞川"。

谢安接到捷报之后,正在与客人下棋,看完信就放到了一旁,不动声色继续下棋。客人憋不住问他,他则轻描淡写地说:"小孩子们已经击败了外敌。"客人走后,谢安往内室中走,过门槛时把鞋跟碰断了都没有发觉,可见其内心也是非常激动的。

谢安决策的淝水之战,是中国历史上著名的以少胜多的战役,也是谢安名垂千古的碑铭。谢安气定神闲,用自己的气质稳住了军队,也稳固了朝廷。淝水之战不仅使谢安名留千古,也挽救了东晋的半壁江山。

淝水之战后,东晋的兵权几乎都掌握在谢安的手中。面对"飞鸟尽,良弓藏,狡兔死,走狗烹"的古训,谢安有两种选择:功成身退,取而代之。功成身退是很难的,东晋是一个士族社会,比起君权来说,更需要士族的势力,所以谢安的辞退不可能被朝廷批准。但是谢安更不是一个垂涎司马氏皇权的人,所以取而代之也不可能发生。

最终,谢安以退让躲避锋芒,并主动交出权力。在他生命的最后一年里,他离开朝廷,回到东山,为自己的人生轨迹画了一个完整的句号。

直言进谏——魏徵

魏徵,字玄成,唐朝杰出的政治家。

提起魏徵,就离不开"直言进谏",他是中国历史上最有名的谏臣之一。

自古以来都是臣子怕皇上,因为皇上一生气,臣子性命就可能不保。但是到了魏徵这里却是例外,他是一位让皇上"怕"的臣子。

魏徵少年孤贫,喜爱读书,胸怀大志,还曾出家做过道士。他早年经历坎坷,曾五易其主。隋末,魏徵被隋武阳郡丞元宝藏任为掌书记,后来元宝藏归降李密后,魏徵又被李密招至麾下。接着魏徵又随李密投唐,但是长久不被重用。于是魏徵毛遂自荐,并用一纸书信将李勣招降。不久魏徵遭擒,被窦建德收入旗下。窦建德失败后,魏徵二次投唐,被当时的太子李建成引荐为太子洗马。魏徵见太子与李世民的矛盾日益加深,多次劝谏太子先发制人,将李世民除掉。结果在太子犹豫未决时,李世民先发制人,诛杀太子夺得帝位。

魏徵被擒获后受到李世民的责问,魏徵倒也不怕,理直气壮地说:"不过是各为其主罢了!"李世民被魏徵的智谋与勇气所震撼,于是决定不杀留用。从此,唐朝就有了一个敢于直言进谏的魏徵。

中国历史上其实有很多像魏徵这样敢于直言进谏的臣子,但是为何独有魏徵能名垂千古?

因为有了唐太宗的"从谏如流",魏徵才有一直进谏的可能。夏朝,关龙逢忠谏却被荒淫无道的夏桀所杀;比干劝纣王,残暴的纣王将其剖心;伍子胥建议杀勾践,被夫差所杀。魏徵直言进谏能成功,遇到英明能纳谏的李世民是关键。

魏徵能坚持直言进谏,除了其学识、谋略不同寻常之外,也可能是为了

影响中国古代历史的将相

报答李世民的不杀之恩。李世民最初任命魏徵为詹事主簿，其实是用来掩人耳目的。没过多久，魏徵就被升为谏议大夫，经常被李世民召入内廷询问政事得失。魏徵喜逢知己，知无不言，加上性格耿直，常常据理力争，从不妥协。

李世民继位后，颁发了一个诏令，规定宰相政事堂和御前议事，谏议大夫必须要参与。

李世民继位不久，在朝中与大臣们商议如何治国，关陇军功贵族崇尚武力，认为大乱之后，国家难治，主张严刑峻法。魏徵则认为国家大乱之后更容易治理，就像给饥饿的人准备食物一样轻松。主张偃武修文，并说像他这样的人治国，一年就可见效，三年就可大治。

李世民见魏徵如此有信心，也对魏徵的见解表示认同，再加上魏徵之前有治理河北山东的成功经验，更坚定了让魏徵为相治国的决心。但是任命魏徵为相很难，魏徵任谏议大夫，就有不少老部下不服气，他们认为自己为李世民卖命争皇位，结果却是死敌的手下魏徵得到重用。而且李世民的亲信大臣长孙无忌等人也非常不满意，李世民不得不慎重地安排魏徵的职务。

所以，李世民在贞观元年只是任命魏徵为谏议大夫兼尚书右丞，在尚书省官列第五，上头有尚书令、左、右仆射，左丞。李世民做过尚书令，所以此职位就不再用了，左丞空着，左仆射是房玄龄，右仆射是杜如晦。魏徵上面还有两个人，还是没法放开干，于是唐太宗想了一个办法。

一天，李世民问房玄龄与杜如晦："你们怎么这么久没给我推荐人才？"房、杜二人说："尚书省忙，没有时间。"李世民赶紧说："那尚书省的事就交给魏徵干吧，有大事再通报你们。"就这样李世民轻松地架空了房、杜二人，将权力授予了魏徵。魏徵以尚书省第五右丞的身份，总摄尚书省事务，掌管六部，又有谏议大夫的发言权，成了唐朝事实上的宰相。表面上朝廷由房、杜二人主控，实际上是魏徵在挑大梁。

李世民如此器重魏徵，魏徵自然有了一定的话语权，再加上他性格刚直，所以李世民有什么不对的地方，魏徵常常能够当面批评，甚至让李世民下不了台。

一次，李世民根据右仆射封德彝的建议，决定让十八岁以上身体强壮的男子都来充军，魏徵坚决反对。李世民问他："你为什么不同意？"魏徵回答说："臣作为谏议大夫有义务向皇上指出，这样违背了治国安民的方针。我朝开国后便立下'男子二十岁当兵，六十岁可免'的规定，怎么可以轻易更改呢？"李世民听后很生气，怒斥道："你太固执了！"魏徵毫不退让，说："皇上将河水放干捕鱼，的确能捕到很多鱼，但是明年就没有鱼了；把森林烧光了打猎，的确能捕到很多猎物，但是明年就没有猎物了。如果让十八岁以上的强壮男子都去充军，今后的赋税徭役向谁要呢？"李世民听后顿悟，立刻收回了诏令。

有时候，魏徵还会管李世民的一些私事。

贞观二年，长孙皇后听说一个叫郑仁基的官员有一个女儿才貌出众，长孙皇后告诉了李世民，请他将其纳入宫中，备为妃嫔。李世民便下诏将这名女子聘为妃子。魏徵听说这位女子已经许配陆家便进谏："陛下抚爱百姓，应忧其所忧，乐其所乐。陛下住着亭台楼阁，就应该希望百姓也有屋宇之安；陛下吃着山珍海味，就应该希望百姓也有充足的食物；陛下妃嫔满院，就应该希望百姓也有称心的婚姻。现在陛下将已经订了婚的女子聘过来，难道是抚爱百姓吗？"李世民听后非常内疚，马上收回诏令。

但是不久后，陆家却派人递上表章，声明与郑家虽有往来，但是并无定亲之事。这时，李世民又召见魏徵询问，魏徵直截了当地说："陆家否认此事，是害怕陛下之后借此事加害于他，不足为怪！"李世民恍然大悟。

魏徵能够犯颜直谏，即使在李世民大怒之时，也从不妥协，因此，李世民对魏徵产生了敬畏之心。一次，李世民想要去山中打猎，装备都安排好了，但是却迟迟没去。后来魏徵问起此事，李世民笑着说："本来是想去的，但是怕你又来谏言，所以就取消了。"还有一次，李世民得到了一只上好的鹞鹰，十分喜爱，把它放在自己的肩膀上玩耍。当他看到魏徵远远过来时，急忙将鹞鹰藏在怀中，魏徵看见后，故意奏事很久，致使鹞鹰闷死在怀中。

有了李世民的支持，魏徵放开手大干，安抚百姓，与民休息，薄赋轻徭，即使他之前没有接触过的刑事案件，也处理得妥妥当当，并合理地修改了死刑律法。李世民在治国上最信服魏徵，只要魏徵同意的事情，他就觉得错不了，所以魏徵在贞观之治中发挥了巨大的作用。

贞观四年，贞观之治的太平盛世出现了，百姓们丰衣足食，夜不闭户，国力大增，全国上下一片欣欣向荣的景象。李世民很高兴，大宴群臣，在宴会上说："贞观天下之治，皆魏徵之力。"这可是对魏徵政绩最好的肯定。

魏徵对李世民的批评，多有裨益，李世民觉得一日也离不开魏徵。魏徵患病去世后，李世民罢朝五天，登上御苑西楼，望着魏徵生前的住处，沉痛地说："用铜做镜子，可以端正衣帽穿戴；用历史做镜子，可以了解国家兴亡的原因；用人做镜子，可以明白自己的行为是否正确。现在魏徵没了，我失去了一面镜子。"

李世民失去魏徵之后，家事国事一团糟，大修宫殿，骄奢淫逸，劳民伤财，君臣关系也没有之前融洽，朝堂上再也听不到魏徵正义凛然的声音，有的只是陛下英明的奉承话，更荒谬的是李世民得病后服用方士提炼的金石丹药，以致暴毙。之前，他还嘲笑秦始皇寻求丹药，如今自己却因此而死。如果魏徵还在的话，这些可能就不会发生。李世民与魏徵在一起时完全是两个样子，由此可见魏徵的重要性。

魏徵在辅佐李世民的十七年中，前后谏奏二百多次，内容涉及各个方面。在国家大事中，魏徵就像一位元老教诲无知的幼主；在李世民的生活中，魏徵又像一位父亲，苦口婆心地教育一个懵懂的孩子。

当然，魏徵的这种直言进谏未免会让李世民产生"逆反"心理，所以才发生了李世民"悔婚砸墓"的事件。但是之后李世民在攻打高句丽受挫后，又不由得感叹："魏徵若在，不使我有是行也！"并火速命人祭祀魏徵，重新为他立了碑。人总是在遭受打击后，才明白什么是好，什么是坏。

贞观首辅——房玄龄

房玄龄,名乔,字玄龄,唐朝时期的开国宰相。

隋末大乱,房玄龄投奔李世民,成为其亲信,与杜如晦共同为李世民出谋划策,人称"房谋杜断"。房玄龄多谋,每遇大事,他往往能想出多种计策,而杜如晦却善于决断,能够选择出最可行的一个,事后也往往被证明是最佳选择。

房玄龄出身书香世家,父亲房彦谦是个名士。房玄龄在这样的家庭环境中成长,耳濡目染,政治上的敏感度也像他父亲一样,善于分析谋划。

隋文帝的时候,大家都认为隋朝一定可以长治久安。房玄龄当时还年轻,便对父亲说:"隋文帝其实没什么本事,是靠篡位得来的天下,几个儿子你争我斗,灭亡是迟早的事儿!"父亲听了大惊,让儿子不要胡说。十年后房玄龄的父亲对朋友说:"炀帝性格刻薄,暴政于民,别看现在还行,以后肯定乱!"房玄龄的父亲从隋炀帝看到了隋朝的灭亡,而房玄龄早早地从隋文帝看到隋朝灭亡的趋势,足见房玄龄之智谋!

房玄龄虽然知道隋朝早晚要灭亡,但是他还是当了官,以此来磨炼自己,增长经验。房玄龄三十二岁时,隋朝乱了,王薄、窦建德、李密先后起兵,这正与他小时候所预料的一样,隋朝旦夕之间就要灭亡。

房玄龄当时已经快四十岁了,他在等待,等待一个值得他追随的帝才。最后,他等到了年仅十九岁的李世民。房玄龄是"山东士族",李世民是"关陇军事贵族",正是对立的两端,但又恰好能融合互补。

房玄龄从李世民身上看出了关陇集团强大的优势和力量,于是他准备将自己几十年积累的能量全部奉献给李世民。李世民则从房玄龄身上看到了山东士族的智与谋。两人一见如故,李世民授予他相应的官职,并把招揽士族人才的重任交给了他。李世民每平定一地,其他人都去抢金银珠宝,只有房玄龄为他搜罗人才,李世民将他比作自己的萧何。

房玄龄为李世民全力招揽人才,甚至都没有想过自己的位置。当李家的队伍攻破长安之后,房玄龄迫不及待地将杜如晦推荐给了李世民,并说此人天资聪明,应委以重任。于是李世民任其为兵曹参军,比房玄龄的职位还要高。有人替他不平,他笑笑说:"职位的高低,我根本不放在心上。"

房玄龄在李世民即位之前所立下的最大功劳,就是与杜如晦一起帮李世民策划了玄武门之变,夺得帝位。

房玄龄在李世民继位之前,从来没为自己考虑过,而且还帮李世民搜罗了大批人才,甚至可能危及自己的地位。李世民当上皇帝后,房玄龄成为一朝宰相。但是身为宰相的他没做过什么大事,就像《资治通鉴》中所说:"及终相位,凡三十二年,天下号为贤相;然无迹可寻,德亦至矣。"他没有像商鞅那样变法,也没有像魏徵那样进谏,身为一朝宰相,他的功劳竟然是"无迹可寻"。那为什么他却被人称为一代贤相呢?

一次早朝,李世民刚坐稳,魏徵就开始批评他不该耗资修建皇宫。李世民知道魏徵的倔脾气,暗地里憋着。等到宰相房玄龄奏请人才选拔的事情时,李世民指着名单对房玄龄大发雷霆:"你这个宰相是干什么的,这样的人能用吗? 来了肯定是个贪官,鱼肉百姓,他给了你多少好处? 这次决不轻饶你! 来人! 撤去他的官帽官服,回家等候发落。"自始至终,李世民也没有指出房玄龄"错选"的那个人是谁,房玄龄一个字也没有解释,默默地回家了。

回家后,房玄龄淡定地告诉家人:"把房子打扫打扫,皇上一会儿要过来接我回宫。"果然,李世民来了,两个人一块上车回宫了,好像什么事情都没发生过一样。事后,房玄龄说:"我太了解皇上的脾气了,他性格急躁,但是在魏徵他们身上又发泄不出来,不发泄又影响决断,就让我来做出气筒吧!"

李世民个性鲜明,性格急躁,再加上魏徵他们一个个激情张扬,朝中这么多人个性鲜明,容易造成内斗,很需要一个和蔼可亲、豁达大度的人。房玄龄就是这样的人,他不仅让着皇上,对同僚也温和谦让。

一次,房玄龄得了重病,喜欢开玩笑的户部郎中裴玄说:"探病前,要先知道宰相病得怎么样。如果他的病可以好，看他有用。如果他病得厉害，都好不了了，去看也没什么用了。"这话实在很过分，当时就传到房玄龄那里。后来，裴玄跟着大家去探望房玄龄时，房玄龄笑着调侃了一句："裴郎中来了，看来我不会死了。"裴玄听后，当即跪在地上求饶。房玄龄说："放心吧，我不会因为这点小事就怪罪你，话可以说错，事不可以做错。"后来，裴玄成为房玄龄最得力的手下。

房玄龄行政权力不如魏徵，所做的事都普普通通，史书在写到他的执政时，没有任何具体事迹。表面上，房玄龄成为宰相后，没有一项拿得出手的功绩。然而整个朝廷都离不开他，因为他摸透了每个人的脾气，能够将君臣整合成一股强大的力量。魏徵是李世民的一面镜子，房玄龄则是李世民的一条臂膀。

房玄龄最重视的就是人才，他用人不拘一格，因材施用。作为宰相，房玄龄从来不突出自己，而是竭尽全力给别人机会，魏徵、王圭以直谏闻名，他就给他们说话的机会；李靖、李勣擅长带兵，他就在后方为他们做后盾。

每一个官员在贞观年代都能淋漓尽致地发挥自己的才能，这都是房玄龄的功劳。而且无论朝廷内有什么矛盾，到了房玄龄那里，都会被糅合在一起，形成方向一致的"合力"。他就像朝廷上下的黏合剂，将所有人凝聚在一起，并使他们发挥出最大的作用。"群星捧月月隐平，治世夜空灿月明"，这是对房玄龄贤相风范最恰当不过的评价了！

房玄龄的气度后来就成了大唐的气度；大象无形，大爱无疆。房玄龄用一个人的力量平衡了朝廷，贞观之治的丰碑上沾染有他的气质。

唐朝有一种精神，那就是不重名声，只重实干。

比如，唐朝的科举考试并不密封，而且考生还可以与考官交流，考官在与考生对话后再根据考生的实际水平来定名次。所以，唐朝能够避免录用那些在考卷中夸夸其谈但实际上没有能力的人，又能够防止一些人因为发挥失常而不能被用。制度是死的，人是活的，这就是唐朝之风范。这种精神风范正是房玄龄所开创的。房玄龄认真地做着自己的事，睿智、自信和坦然。

房玄龄身为大唐宰相却总是默默承受一切，将贞观之治的浓墨重彩的功劳让给魏徵他们。他气度非凡，立德于身后，表面上没有什么很大的功劳，却是大唐气度的缔造者，他也因此而不朽，真宰相也！

大事不糊涂——吕端

吕端，字易直，北宋名相，有"大事不糊涂"之美称。

吕端在他四十年的为官生涯中几乎没有遭遇到什么磨难，这在"伴君如伴虎"的封建王朝中十分罕见。这正与他在小事上"糊涂"，不斤斤计较，而在大局、大事上丝毫不糊涂的行事方式密切相关。

吕端刚担任副宰相时，有一个小官因为平时听多了吕端办的"糊涂"事，心里很不服气，不屑地说："这样的人也能当上宰相？"吕端的手下听说后很气愤，要找这个人理论。吕端阻止说："别找了，你们找他问了，我也就知道了，我知道了就会对他终生不能忘。虽然我不会刻意去报复他，但是以后如果他有什么事到了我的手里，让我公正处理恐怕是很难的，所以还是不知道的好。"

还有一次，大臣李惟清被宋太宗从掌管全国军事枢密使的位子上撤了下来，他认为是吕端在背地里使坏，所以就趁吕端在家养病时，告了吕端一个恶状。但是，吕端当什么事儿也没有，淡淡地说了句："我行得正，坐得直，没有做什么见不得人的事，怕什么流言蜚语呢？"

吕端的这种"糊涂"其实是"揣着明白装糊涂"，是不和人斤斤计较，是道德修养的一种高尚境界，但这在多数人眼里却成了"糊涂"。宋太宗说他是"小事糊涂，大事不糊涂"，并让他当了宰相。

功名利禄是为官者孜孜以求的东西，很难有人能不被这些所牵绊，而吕端却在这上面"糊里糊涂"，表现了一种淡然的态度。吕端被提升为宰相后，并不觉得自己有多了不起，也没有想如何施展自己的权力，而是想着如何调动文武百官的积极性，为此甚至不惜放权和让位。

当时与他同样有名望的名臣寇准，办事果断，很有能力，但是性格比较倔强。吕端怕自己当宰相后，寇准心里不平衡，闹起脾气来，朝政就会受到影响。于是就请皇上批准了寇准与他轮流掌印，并一同到政事堂中议事。后来，皇上又下诏说："朝中的大事首先要交给吕端处理，然后再上报。"但是，吕端遇事总与寇准一起商量，从不独断专行。后来，吕端又主动将相位让给寇准。这种主动让权的行为，在别人眼里就是十分"糊涂"的行为。

吕端虽然"糊涂"，但是主要表现在他不与人斤斤计较，看淡名利的事上。而在朝廷有难以决策的大事时，他又能机敏地解决问题，让他名传千古的"大事不糊涂"主要表现在两件事上。

一是安抚了李继迁。李继迁是党项族人，归顺北宋后又在西北边境多次生乱。一次，宋军在与李继迁的交战中，俘虏了李继迁的母亲。宋太宗得到这个消息后，想要处死李继迁的母亲，以泄心头之愤，并惩戒这个与朝廷作对的人。当时，寇准担任军事枢密副使，宋太宗与寇准商量此事后，决定在边境上大张旗鼓地将李继迁的母亲杀掉。

宋太宗没有要询问吕端的意思，但是吕端知道后，却到宋太宗面前讲了一番道理：楚汉之争时，项羽抓了刘邦的父母，威胁刘邦说要把他们煮了。刘邦却说，煮就煮吧，记得分我一杯汤喝。这说明做大事的人，不会顾虑到他的父母，更何况李继迁这样的蛮夷之徒呢？杀了他的母亲，并不能抓住他，反而会激怒他，坚定他反叛的决心。宋太宗听完觉得很有道理，并问吕端该如何处理。吕端建议妥善安置李母，好好服侍她，即使不能让李继迁投降，也会让他良心不安，有所顾忌，宋太宗听后大赞。最终，李继迁又归顺了宋朝。

吕端深明大义，果断纠正了皇上的错误，避免事情恶化，维护了国家的稳定。

二是力保太子继位。997 年，宋太宗病危，当时得宠的太监王继恩担心太子继位后对自己不利，于是串通皇后，并勾结副宰相李昌龄等人图谋废除太子，拥立楚王元佐继位。楚王是皇长子，原为太子，因为残暴无道被废除。吕端知道后，每天陪着太子到宋太宗的床前探望。

太宗一死，皇后就派王继恩去请吕端来商议事情，打算逼迫吕端同意拥立楚王继位。皇后专门让王继恩去请，用意不言自明。然而，吕端对此事早有预料，接到皇后召他入宫的消息后，知道其中一定有事，于是果断地将王继恩锁了起来,并派人严加看守,然后自己冒着生命危险去见皇后。

果然,皇后对他提出了立楚王为君的意思。吕端回敬道:"先帝已经立了太子,我们不可能违背他的遗命!"由于谋划政变的核心人物王继恩已经被吕端控制住,皇后一时便没有了主意。吕端率领大臣拥护太子继位。宋真宗登基的那一天,坐在大殿上接受群臣朝拜。吕端担心其中有诈,没有马上下拜,而是请求皇上卷帘受拜。吕端上前辨认,确认是太子后,才率领群臣大呼万岁。继位之争,最终没有发生同室操戈,全是吕端的功劳啊!

卷帘认准是太子后才肯行臣子之礼,从这一细节上来看,吕端确实是一个"大事不糊涂"之人,而且心思缜密,关键时刻清醒理智。每次,群臣有意见分歧,吕端的意见总是能高人一筹,人称"难不倒"相爷。可见,吕端是真正的大智若愚啊!

在宋初你死我活的权力争夺中,吕端能够从容面对惊险,并妥善化解,靠的就是这种得意不忘形、处事不乱的"小事糊涂,大事不糊涂"。明代思想家李贽曾有:"诸葛一生唯谨慎,吕端大事不糊涂"的自题对联。吕端名传千古就在于"大事不糊涂"。

王安石变法——王安石

王安石,字介甫,号半山,北宋政治家、改革家。

王安石是以变法留名的,但是他主持的变法却失败了。

关于王安石存在很多争议,不仅仅是在他推行的新法上,还有他的一些行为方式,千百年来众说纷纭。王安石当时为什么要不顾一切地推行新法呢? 他究竟是一个怎样的人呢?

首先来看看王安石变法的目的:抑制兼并,裁撤冗员;富国强兵。变法能够开始,少不了皇上的支持。宋神宗刚刚继位,他是一个雄心勃勃的皇帝,想要收复契丹和西夏占领的国土。然而,国家积弱多年,宋神宗显得有些急于求成。国库空虚,百姓负担沉重,王安石认为当时的法制不可能改变整个国家贫弱的局面,因此他主张变法,推新政。可以看出,宋神宗支持变法的根本并不是为了"富民",而是为了"强兵"。

王安石是"唐宋八大家"之一,在文学史上享有盛名,同时他也是个政务高手。他在自己所管辖的地盘上实行了"青苗法",效果非常好,百姓日子好了,官府也增加了收入。这也是他后来坚决在全国推行变法的原因。

但是,为什么他要等到宋神宗的时候才肯进京呢? 其实,他早想有一番作为,但是时机还未成熟。宋仁宗在位时,王安石就上书论政,表述了他改革的思想"因天下之力以生天下之财,收天下之财以供天下之费",长达万言。宋仁宗看完就扔在了一旁,王安石觉得宋仁宗不会重用自己,于是就是请他也不去。

而且,当时朝中有很多名臣,如范仲淹、司马光、欧阳修等人,这些人深得众望,王安石当时去了也不会有好的发展。宋英宗继位,王安石仍然推辞不去。历史学家对此作出的解释是,王安石曾奏请免立宋英宗为帝,所以心中感觉不安。宋神宗为太子时，身边的韩维对王安石十分佩服。每次韩维对朝政表达意见，得到太子赞同时，他总说："这不是我的意见，而是王安石的。"于是，太子越来越看重王安石。宋神宗继位后，王安石坚信自己的机会来了，所以圣命一到，就接受了。

王安石进京后不久，就开始变法。在他的变法中，最为人所知的就是"青苗法"了。农民可以在春耕时向官府贷款，然后秋收时归还本利，利息很低。这一项政策从理论上讲很不错，有些类似于现代的农业银行，可以让农民不再去靠放高利贷的富户们，而是依靠朝廷，与朝廷共同分享利益。王安石在他管辖的地方就试行过"青苗法"，效果很好，所以信心十足。即使在现代，很多人也十分佩服王安石的构想，它已经十分符合现代经济学理论，比起同时代的人，他的确很有远见。

其实，"青苗法"也并非王安石首创。唐朝后期就小范围地实行过朝廷放贷增收的方法，只是像王安石这样全国大范围推广，还是史无前例的。

但是，王安石理论上完美的新法在全国实行下来却引得怨声载道，弄得农民家破人亡。因为新法在推行的过程中，有很多问题是王安石无法控制住的。

一是官吏层层加息。新法虽然规定只收二分息，但是贪官污吏却借此大肆敛财，到了地方就成了六七分，或者缩短还款周期。

二是强迫贷款。各地方官府为了完成贷款目标，强迫农民在不需要借贷时借贷，这就成了变相地增加税收。

三是强行索债。遇到自然灾害时，农民颗粒无收，无力还贷，官府强行索债，还不上钱的农民只有逃亡。

这些问题，王安石根本就没有想到，而且他自己在他管辖的地方试行时也没有遇到过。因为他是一个清官，不会去逼迫农户去贷款，而且在他的任职期间也没有发生过自然灾害。

王安石是一个具有雄才大略的人，但他也是个特立独行的人。从不妥协，更不会听取别人的意见，人称"拗相公"。

王安石在变法中，我行我素，他必须要证明自己是对的，所以在变法中犯了很大的错误。他不允许下属有任何松懈，他还以贷款成绩来评定官员的好坏及职位的提升，于是，每一个官员都不得不铆足劲儿地让农民贷款。

变法于是演变成了一场轰轰烈烈的官吏借贷竞赛。也有些好官深知这种贷款的危害，于是就按照朝廷的明文规定，让百姓自愿贷款，同时心理做好降级、丢官的准备。

朝廷内的大臣们也因为反对新法而纷纷与王安石决裂，其中有他原来的朋友，如司马光、欧阳修、韩维等人，他们都是朝廷的重臣，却因为反对王安石变法而被驱逐出朝廷。

尤其是司马光，他与王安石共事多年，多次劝王安石调整自己的治国策略。司马光将"青苗法"的弊病看得很透彻，他一语道中，民间的富户们放高利贷，都会被百姓所唾骂，何况是官府呢？虽然官府的利息低，但这不就是五十步和百步的区别吗？

"青苗法"表面上是官府救济农民，但是这种救济是有偿的，不仅要还本还要还息，那这就不是救济了。说白了，官府放贷取息才是目的。如果没有变法，地方官员都会祈求风调雨顺，百姓有饭吃，这样他也会名利双收。但是实行"青苗法"之后，如果地方风调雨顺，百姓全年都有饭吃，就没有人向官府贷款，那么这个地方官的青苗贷款业绩就为零，就会被扣上"阻挠新法"的罪名。

所以，无论农民有没有饭吃，需不需要贷款，完不成任务的官员都会使用一种叫作"权力"的东西。这就是司马光、苏东坡等人为代表的旧党最担心的东西。

司马光还担心另一个问题，就是还钱的问题。凡是借过钱的人都知道，借钱还不上，不仅伤面子还伤感情。君民之间涉及"借"字，同样也会出现问题，还不上了，同样伤感情。农民遇到好年头，还掉本息还能将就着过，但是万一来个洪水旱灾什么的，就血本无归。但是官府又不会承担这个责任，他们就会强行来要钱。要了钱，农民就会变成流民，国家就多了一些不安定的因素。

还有，借贷者最关心的就是风险问题。王安石说搞"青苗法"的目的是"抑制兼并"，但是他却对贷款用户分等级来规避风险，最需要钱的农户是第五等，最多只能借一贯钱，而最不需要的富户却一次能借十五贯。

王安石都考虑到了风险的问题，关乎切身利益的地方官更会注意这个问题。借钱给一个富户一次就等于完成十五个穷户的任务，而且还不用担心对方还不起钱。于是还会出现一种奇怪现象，一边是官府威胁富户贷款，而另一边急着用钱的穷户却借不到钱，即使借到了，那么少的钱也起不到多大作用。最后，贫户仍不得不向放高利贷的富户求助。而此时，放高利贷的富户就会将利息涨了又涨。为什么？因为富户们还要将官府给他们的利息加上。

以司马光为代表的旧党派早就看清了"青苗法"中诸多不确定的因素。他们更为痛心的是"青苗法"破坏了原来的"抑制兼并"机制。官府放贷的本钱用的是原来"常平仓""惠民仓"中的粮食。之前，官府在丰收时平价向农民收购粮食，饥荒时再平价向农民出售，为的是抑制粮价，防止商人投机倒把，操控粮价。"青苗法"出台后，无偿的"常平仓""惠民仓"没有了，官府的眼里只有一个"利"字。"青苗法"彻底演变成了一项扰民、害民之法，朝廷也因此变成了一个新的高利贷者。

同样，"募役法"也是如此，实行的目的是减轻老百姓的徭役负担。最终，"募役法"一实行就变成了"免上户之役，敛下户之钱，以养俘浪之人"，有钱有势的抗拒不交，"上户"的徭役加到了"下户"的身上，老百姓的徭役负担并未减轻。老问题没有解决，新的问题又出现了。同样，"方田均税法"也是如此，大地主、大官僚当然不会坐以待毙，他们强烈抵抗，利益最终未被触动，受苦的依然是老百姓。

由此可见，王安石的变法从一开始就陷入了体制的怪圈。王安石变法最大的难处是用旧体制来推行变法，新法被旧体制所利用了，就成了贪官污吏敛财的工具。王安石虽然新设了一些推行新法的新官员，但是这些新官员很多只单单是支持变法，就被王安石委以重任。

王安石是唐宋八大家之一，而且为官清廉。但是王安石太偏执了，自命不凡，固执己见，总是将错误推诿他人或是找一些客观原因。这些在他平时的为人处世中就能体现出来，他生活中常常出现一些偏激的行为，都给他的人际关系造成了巨大的阻碍。

王安石与司马光还是好友时，他们一起在包拯手下做事。一次，包拯请这两个有才华的年轻人吃饭。无酒不成席，包拯上了好酒，结果两人都说不会喝酒，包拯说今天高兴，就破破例。包拯很热情，司马光实在拗不过，就喝了两杯，而王安石则显示了他的固执，始终没有抬起酒杯意思一下。

除了不通人情世故之外，王安石还有很多奇怪的习惯。宋仁宗曾召群臣盛开御宴，大臣们需要自己在池塘中捕鱼为食，鱼饵装在金盘子里供人使用。王安石不喜欢钓鱼，于是将盘中的鱼饵全部吃光了。宋仁宗对此评价说："王安石是个伪君子，人可能会误食一粒鱼饵，但是不可能会糊里糊涂地将所有鱼饵都吃光。"

苏东坡的父亲苏洵写了一篇《辨奸论》来刻画王安石。他说："衣臣虏之衣，食犬彘之食。"王安石是一个不注重饮食与外表的人，衣服肮脏，仪表邋遢。传说，王安石从来不换长袍。一天，他与几个朋友到一个寺院沐浴，在他从浴池中出来之前，朋友为了测试他，特意给他换了一件新的长袍。王安石出来之后就将新袍子穿上了，完全没有察觉到任何异样，无论怎样，他有衣服穿就行了。还有一天，朋友对王安石的夫人说王安石爱吃鹿肉，王夫人颇感意外地说："他从不在意吃什么，怎么会突然爱吃鹿肉了呢？"朋友们说："吃饭的时候，他不吃别的菜，只吃那盘鹿肉。"王夫人又问："那盘鹿肉摆在什么地方？"朋友们说："摆在他的正前面。"王夫人这下明白了，说："明天你们在他的面前摆上别的菜，看会怎么样？"第二天，大家把菜的位置换了一下，将鹿肉摆在离他很远的地方，看他吃什么？王安石只吃靠近他的菜，桌上摆了鹿肉，他也没有发现。

王安石这些偏激的行为，是否是矫揉造作，无法得知。苏洵在《辨奸论》开头也说了，了解一个人的性格很难，只有冷静地观察才能看透人的性格。

新法推行了八年，富国强兵的目的也没有实现。如今，也有人替王安石惋惜，说王安石如果当时能够建立一个独立完善的机构，来代替政府进行青苗放贷，也许这场变法就不会造成诸多的负面效果。这样独立完善的贷款机构，在现代就是农业银行。

王安石有才华，思想也高于同一时代的人。但是，对于一个政治家来说，才华还应包括识人之明、容人之量。王安石排除异己，乱用小人，性格执拗，不识时务，所以，变法失败是理所当然的。

无论是什么时代，改革成功的关键还在于如何执行。制度是死的，人是活的。唐朝的制度与隋朝基本一致，但是唐朝却能成为中国历史上最强盛的朝代,为什么?因为唐朝的变通精神,就像大唐名相房玄龄所认为的那样,无论什么样的制度,只要在其中的人能够灵活运用,就能够将事情做好!

王安石变法,虽有好的动机,但同时独断专行,不计后果。法家是现实主义,重视成效,很注重理论联系实际。而王安石似乎并没有真正地做到"理论联系实际",所以说他必须承担失败者的罪名!

王安石一直都是个难以评论的历史人物。然而,大多数人还是习惯以好坏分类。那么王安石到底是奸相,还是良臣呢?

我们应该说他是一个忠臣。虽然他犯了很大的错误,但是他节俭清廉,看淡名利,视国家利益为上,任何时候,我们都不应该打击一个有心向善的人!

元代名相——脱脱

脱脱，也被称为脱脱帖木儿、托克托，字大用，蒙古族，元末丞相。

脱脱出生于一个显赫的贵族家庭，自幼长在伯父伯颜家中。但是，他却帮助皇帝铲除伯父伯颜，为什么呢？如果是为了权力，我们还能理解，但事实不是，因为后来他自己也罢了相。到底是什么让他做出如此的抉择呢？

伯父伯颜官员亨通，在元顺帝时不仅担任右丞相，还兼任太师、上柱国。但是，他却不知遮蔽锋芒，做事高调，引得国舅十分不满，两个人后来公开作对了。元顺帝对国舅也早已不满，于是和伯颜联手对付国舅。国舅被激怒了，于是发动政变，最后被伯颜剿灭掉。

伯颜因为平叛立了大功，被元顺帝封了许多称号，总字数多达二百四十六字。而且还被封为秦王，权倾朝野。甚至元顺帝还为他建立了生祠。祠堂通常为死者修建，为活着的人修建祠堂是十分罕见的。可见，伯颜的风光程度。

此后，伯颜目空一切，在朝廷内为所欲为，任意对亲信封官加爵，随意挥霍国库钱财，大有代替元顺帝之势。甚至，天下人只知道有个伯颜，而不知道有个元顺帝。

脱脱当时也参与了平叛，后来被提拔为御史大夫。担任御史大夫后，脱脱大整朝纲，他不畏强权，敢于直言进谏，即使皇上有不对的地方，他也会毫不客气地提出来。

脱脱自小寄养在伯父家里，按说为人处世应该是跟着伯父学，但是他不仅不学，还反对伯父。他对那些目中无人、气势熏天的人更是痛恨。

脱脱对伯父有很深的感情，但是他的精神世界却更倾向于另一个人。

这个人就是他的老师吴直方。

吴直方是一代儒生，有才有谋。正是在吴直方的引导下，蒙古贵族的脱脱才摒弃偏见，将蒙古文化与汉文化一步步对接。脱脱还学习了很多儒家文化，他善学书画，其书法刚健，画境幽雅。但是书画只是汉文化的皮相，逐渐地，脱脱开始接近汉文化的内核"修身齐家治国平天下"，并开始用儒家的行为标准来约束自己。

对于已经儒家化的脱脱来说，伯颜的行为让他痛苦不安，让他陷于两难，行孝还是忠君？如果行孝道，任伯父扰乱朝纲，会让他良心不安；如果与伯父斗争，则对不住伯父的养育之恩。脱脱的心理十分矛盾，不知如何是好。脱脱去征求父亲的意见，父亲也下不了决心，那毕竟是他的亲哥哥。

脱脱没有办法，只好向老师吴直方请教。吴直方毫不犹豫地帮脱脱做了选择：大义灭亲。大丈夫要摒弃个人感情，为民除害。吴直方的话让脱脱终于在亲情与道义之间做出了选择。

一次，脱脱向元顺帝诉说了自己要为国除害的想法。然而，元顺帝对脱脱的话并不相信。于是，元顺帝秘密派自己的两个亲信阿鲁、世杰班与脱脱交往，整日探讨忠君报国的话题。从脱脱的言论中，元顺帝彻底消除了对脱脱的疑虑。

后来，脱脱暗地与伯父较劲。但伯颜是个老江湖，脱脱多次想逼他辞去右丞相之职，都被伯颜给化解。直到1340年，伯颜带着自己的卫兵，请元顺帝一起外出打猎。脱脱觉得这是一个绝好的机会，建议元顺帝称病不去。伯颜最后只好请太子一起去。

伯颜走之后，脱脱立即在城门设置重兵准备擒拿伯颜。当天晚上，元顺帝派人悄悄地将太子接回京城。随后，元顺帝草拟诏书列数伯颜的罪状，将其贬为河南行省左丞相。一切安排妥当后，元顺帝派人送去诏书。

伯颜接到诏书后，不知为何被贬，于是派一队兵马到京城责问。伯颜派出的兵马到了京城之后，城门紧闭，而脱脱此时在城门之上高喊："只驱逐丞相一人，其余一概不追究。"伯颜派去的那些卫兵，于是纷纷散去。

伯颜见大势已去，退而求其次，请求元顺帝撤销他的丞相职务，但是没有被允许。伯颜无奈，只好去河南上任。

伯颜垮台后不久，脱脱被任命为中书省右丞相，掌握了军政大权。这时，脱脱才二十八岁。

脱脱上任后，大刀阔斧地进行改革。他首先做的就是恢复科举制度。

伯颜排斥汉人，废除科举，不仅禁止汉人做官，还禁止汉人学习蒙文，最终搞得全国上下怨声载道。脱脱就恢复科举制度，消除了汉族知识分子的不满情绪，从很大程度上缓解了矛盾。

脱脱还积极为官员"充电"，请有学问的人进宫讲学。为了让蒙古人接受汉文化，他精选多个儒臣为元顺帝讲四书五经，上行下效，蒙古人学习汉文化的热情一时高涨。

对于民生问题，脱脱更是积极对待，他减免赋税，开放马禁，解放劳动者，大大促进了经济的发展。

对于冤假错案，他对蒙冤者平反昭雪。对活着的进行封赐，死去的进行追封。这些措施加强了封建统治内部的团结，有利于政局的稳定。

而且，脱脱还主持编撰宋、辽、金三史。古代历朝都有编修前朝历史的传统。元朝建立后，宋、辽、金三朝的历史一直没有编写。脱脱执政后主持修史，解决了经费问题，还解决了宋、辽、金谁是"正统"的问题，主张三史分别撰写，各为正统。脱脱开创了各族史家合作修史的先例，这在那个时代是十分难得的。而这正是得益于脱脱是一个儒生范的宰相。

脱脱的一系列举措缓解了蒙汉之间的矛盾，使得元朝的社会风气大大改善，他也因此被大家亲切地称为贤相。

但是，后来在改革的关键时期，脱脱做了一个出人意料的决定：罢相。原因就是他个性耿直，看不惯左丞相别儿怯不花。别儿怯不花总是给脱脱制造麻烦，时不时地在元顺帝面前诋毁脱脱。脱脱毕竟年轻，而且对于有些事不屑为之，干脆眼不见心不烦，不干了！

这就是耿直的脱脱，能为天下人铲除伯父伯颜，也会因为奸臣当道而罢相。五年后，脱脱又恢复了右丞相的职位，可这次还是没有逃过小人的暗算，后来被辗转流放到今淮安、内蒙古、云南等地，最终，被一壶毒酒结束了生命。

浩然正气——于谦

于谦,字廷益,明朝名臣。

于谦十二岁的时候,有个和尚看了他的相貌,惊奇道:"这是将来的救世宰相啊!"果然,三十九年后,于谦拯救国家于危难之时,成了救世宰相。

1449 年,瓦剌大举侵犯边疆,明英宗亲征,不料,明英宗被瓦剌俘虏,史称"土木之变"。

土木之变后,朝廷所面临的局势十分危险。明英宗被俘,明朝不仅陷入国无君主的局面,同时,明英宗也成了瓦剌的一个要挟筹码。瓦剌首领先率领军队乘胜直趋京师,准备攻下明朝的京城。而明军已经在土木堡损失数十万人,京城空虚无守,形势岌岌可危。那时,京城内人心惶惶,朝廷上下,群臣惊愕,不知大明王朝的将来何去何从!

就在此时,于谦挺身而出!

大敌当前,国不可无君主,而太子年幼,无法承担起国家重任。于是,于谦请求皇太后立英宗的弟弟朱祁钰为帝。

明朝实行嫡长子继承制,也就是立皇后的第一个儿子为太子。有嫡子立嫡子,无嫡子则立长子。嫡长子继承制其实早就出现,但是以前的朝代并没有严格按照此制度实行,只有明朝真正实行了这一制度。

按说朱祁钰是根本没有机会继承皇位的,但是凡事总有例外。危急之下,皇帝似乎需要重新定义,嫡长子继承制不再是问题,目前,新皇帝最重要的一点就是能领导百官抵御外敌,所以,几乎没有人反对朱祁钰继位。

然而,朱祁钰却自己反对。当他知道自己被群臣请立为帝时,他惊愕万分,表示不愿意继位,因为他担心自己名分不正,而且英宗还在,这当弟弟的不免有所顾虑,而且瓦剌骑兵兵临城下,吉凶难料。

这种情况下，于谦看出了朱祁钰的顾虑，对他说："我们拥立您，是为国家着想，并不是为了个人私利。"于谦这句话说得妙，表面上是在解释自己不为私利，事实上是在暗示朱祁钰要为国家着想。这句话果然让朱祁钰意识到了自己所肩负的重任。于是，他不再回避，登基即位，史称景帝。

景帝即位后做出了他对明朝最大的功绩：任命于谦为兵部尚书，全力对付瓦剌。

面对瓦剌军队直扑北京的严峻形势，朝廷面对的最大抉择是，守城还是南迁？对此，大臣们存在很大分歧。于谦坚决反对南迁，他厉声说："言南迁者，可斩也。"这气势把所有大臣都震慑住了。但是于谦说此言绝非危言耸听，而是深思熟虑过的。当时，明朝实行南北两京之制，南京作为陪都。南迁就意味着放弃北京，放弃长江以北的大片国土。有史为鉴，宋朝时徽、钦二帝被俘，宋高宗逃到江南后，就只能偏安一隅。如果明朝南迁，恐怕南宋偏安的历史又要重演了。

景帝支持于谦的看法，由此，明朝誓与北京共存亡。

保卫北京是个艰巨的任务，因为明军的主力已经在土木堡战役中全军覆没。于谦只有奏请从各地调兵。但是，这兵马来了吃什么？通州是京城的粮仓，但当时它并不属于京城，而且离京城也不近。在敌人的进逼下，通州城难以保全，粮食落入敌手就完了。但是，短时间内朝廷又难以集中大量人力、物力将粮食运到京城。这个时候，于谦想出了一个奇妙的办法：让调集而来的士兵由通州入京，各自取粮，运至京城，多运者还有奖赏。这样，粮食的问题就此解决了。

兵马粮草的问题都解决了，接下来就是战策的问题了。是固守还是主动出击？所有的武将一致认为，敌军的势力明显较强，要想保卫京城，最好的办法就是固守，等敌军疲惫了，自然就会退兵。就目前的局势来说，这无疑是一个很好的办法，因为瓦剌的士兵也要吃饭，只要坚守城池，等他们吃光了粮食，自然就会退走的。但是，于谦却反对这个战策，他认为瓦剌大举进攻京城，气势十分嚣张，如果坚守不出，更会助长他们的气势。于谦是兵部尚书，他手中掌握着战策的决定权。即使多数人反对他，他也毫不犹豫地下令："大军全部列于九门之外（京城九门：安定门、东直门、朝阳门、西直门、正阳门、崇文门、宣武门、阜成门、德胜门），列阵迎敌！"

接着，于谦又下令："但凡有不出城作战者，格杀勿论！"此令一下，惊呆了所有文官们，他们谁也没有想到，平时温文尔雅的于谦竟然如此强悍，甚至连战场上杀惯了人的武将们也感到心惊。

之后，于谦开始分遣诸将于九门之外，自己则身披战衣随石亨军列阵于最重要的德胜门。一切安排好后，于谦对兵部侍郎下达了开战前的最后命令："大军出城之后，立即关闭九门，有敢擅自放入城者立斩！"这条命令意味着明军只有奋死一战，非胜即死！

两军开战之日，瓦剌军首领到达北京城下后，吃惊地发现明军已经在城外严阵以待，士气大为受挫。不敢轻举妄动，派人窥探德胜门，认为防守不严，可攻！万万没想到会中了于谦的圈套！于谦事先在路边埋伏军队，派少量骑兵诱敌深入，等瓦剌骑兵追至，再命令神机营火炮、火枪并发，同时伏兵四起，大败瓦剌军。

瓦剌军连吃败仗，经过几天的激战后，瓦剌军死伤惨重。此时，明朝的各路勤王兵也快来了，也先知道再不撤兵就来不及了，于是连夜逃离。于谦领导的北京保卫战最终取得胜利。

北京保卫战是于谦一生中最闪耀的事迹，也成就了他"救世宰相"的美誉。于谦是一个有才能的人，同时也是一个勇敢的人，他率领众将保卫北京，有效地抵御了瓦剌军的侵扰，确保了天下百姓安居乐业的生活。

万历首辅——张居正

张居正,字叔大,明朝中后期政治家。

他出身贫寒,但自幼聪明,十六岁得中举人,二十三岁被选为翰林院庶吉士,由此踏上了他辉煌又坎坷的政治道路。

明朝自朱元璋称帝以来,经历了两百多年的风雨,到了嘉靖年间时,已经危机四伏。经济萧条、政治腐败,外患不断,明朝在这种情势下,面临亡国的危险。明末的衰败景象远远超过了唐末、宋末,这种现象反映出封建专制体制本身出现了不可克服的矛盾,不进则亡。正是在这样的时代背景下,张居正踏上了政治舞台,开始了他传奇的人生。

明初废除宰相的权力,设置内阁首辅辅佐皇帝处理事务,一切奏章必须由皇帝亲自审批,任何人不得过问,事无巨细统统由皇帝做主,君主的权力膨胀到极点。事物发展到了极点,往往会走向相反的一面。由于皇权高度集中,滋生了一代又一代的昏君。明中期后,皇上不临朝已经成为习惯,明世宗三十年不理政事,明穆宗极少审批奏章,上朝也一言不发。皇帝不理政事,政治重心就落到了内阁身上,谁是首辅,谁就主政。

明穆宗在位的时候,张居正因为才能出众,受到明穆宗的信任。明穆宗去世时,遗命张居正等三个大臣辅政。明神宗继位后不久,张居正成为首辅。明神宗当时只有十岁,所以一切大事均由张居正决断。

张居正掌握了大权,衰落的大明王朝就有了一根救命稻草。因为张居正不寻常!这要回到开头那段说起:十六岁得中举人。事实上,张居正的聪明才智不止如此。他小时候被人称为神童,十三岁就作了《咏竹》的绝句:绿遍潇湘外,疏林玉露寒。凤毛丛劲节,直上尽头竿。十多岁就以竹自喻,几人能有此胸怀!

明中期,土地兼并情况严重,全国大半土地被地方豪夺强占,并且拒不交税,使得国家财政危机逐渐加重。同时,北方的蒙古、女真等部落时常扰乱边塞,国内的起义也此起彼伏。面对内忧外患,如果朝廷再不采取措施,就无药可救了!而大明朝要想改革成功,需要这样一个人:有权、有才、有手段!当然,最关键还要有强烈的改革意愿!

张居正就是这样的人!

他有强烈的改革意愿!

他出身贫寒,从小就有远大的抱负!他见过饿死的饥民,也见过无耻的贪官,官场几十年,他却仍保持着自己年少的理想与抱负。

他有权!

他是皇上继位前的老师,是明朝的首辅。虽然明朝没有名义上的宰相,但是首辅实际上就是仅次于皇上的宰相。

他有手段!

张居正不是一个符合当时道德规范的君子,他深谙官场中的"潜规则",甚至比许多人更高明。他知道改革要成功,就不能太极端,不能让那些贪官污吏们没饭吃,只是要他们少贪污点!这样改革才能更顺利进行。

中国历史上的改革者,十有九个都吃了很多苦头,张居正是唯一幸运者,他让别人吃尽苦头,自己却从没受过任何苦,这正是因为他是一个有手段的人。

他一生中只有一次相位难保,那是因为他的父亲去世了,按照当时的传统,他要在家守孝三年。他若离开朝廷三年,不但改革不能继续,相位恐怕也难保。然而,他不守孝三年的话,别人又会以此为由逼他下台,因为在封建社会,孝是一个人的道德基本。结果,张居正以皇上"夺情"为借口,不去守孝。所谓"夺情"就是,国家夺了官员孝亲之情,命其不必弃官去职,以素服办公。

他有才!

这就要看他的具体改革内容了。

自万历初年,大权在握的张居正毫无顾忌地开始发挥自己的才能!

面对当时地方豪强与官吏的骄横跋扈,以及外族侵略和政府财政危机的问题,张居正在改革中实施了三大举措。

其一,整顿吏治,在行政上实施"考成法"。所谓"考成法",就是严格考察地方官员执行朝廷诏令的情况,并且地方官员必须要定时定期地向内阁汇报地方政事。

其二,对边疆民族实行"剿抚并用,以抚为主"的政策,并在边疆进行茶马互市贸易,使得这些民族可以通过正常贸易来获取中原的生活用品,由此边境的和平得到了很好的保障。

其三,推行"一条鞭法",这是张居正改革的重点。"一条鞭法"的主要内容是,将各州县的田赋、徭役及其他杂征统统归为一条,合并折算为银两,以亩为单位缴纳。

相比以前,"一条鞭法"不仅简化了征收手续,也使得地方官员难以作弊;而且,没有土地的农民也可以解除徭役负担,有田地的农民也有更多的时间种地了;百姓获得了较大的人身自由,促进工商业的发展;最重要的是,占有大量土地的地方豪强无法逃避赋税。

张居正下令对全国土地一亩一亩地进行丈量,他锲而不舍地查了几年,最终将大明王朝的土地摸得清清楚楚:天下田数总共为一万三千九百七十六顷,比之前登记在册的纳税田亩数增加三百万顷。约有两亿八千万亩的土地被地主豪强所霸占。经过这次清查后,地方豪强们只能按照田亩数交税,整个国家的税收,陡增一点五倍。

"一条鞭法"实行之后,政府的财政危机解决了,国库的银两足够五六年之用。

张居正全面的改革,强化了中央集权,解决了政府的财政危机,社会经济也有所恢复与发展,衰败的明王朝有了好的转机。

改革十年间,国家经济空前繁荣,社会呈现出活泼开放的气息。然而,好景不长,万历十年,张居正积劳成疾,突然去世。改革的反对派们立即起势,纷纷攻击张居正专横独断。次年,明神宗下令撤掉张居正的所有官爵,还派人抄了张家,张家的子孙十几人被关在屋子里活活饿死。此时,刚刚有一点转机的明朝又开始走向衰落。

改革是一把双刃剑,成功的同时也埋下了巨大的隐患。在中国,改革就是流血的革命,因为真正的改革必定要触犯既得利益集团。商鞅变法,国家强大了,自己却落个车裂的命运;谭嗣同戊戌变法,死在了北京的菜市口。很多有志之士,无一不为改革付出了生命的代价。

第二章

祸国奸相

指鹿为马——赵高

赵高，嬴姓，赵氏。秦始皇时宦官，秦二世时丞相。

赵高是一个善于应用权术的人，著名的"指鹿为马"就是他一生的"杰作"。

大秦丞相李斯死后，赵高当上了丞相，朝中的大小事情几乎都由他决定，根本就不把秦二世胡亥放在眼里。一次，赵高在朝上命人牵来一头鹿献给秦二世，说："臣献一马供陛下赏玩。"胡亥再糊涂，还是分得清马和鹿的，他笑道："这明明是鹿，怎么可能是马呢？"

赵高一本正经地问群臣："你们说，是马还是鹿？"有的大臣不知所措，沉默不语；有的善于奉承，连说是马；有的坚持真理，实话实说。胡亥见如此，以为是自己冲撞了神灵，才分不清是鹿是马，于是召太卜测算，太卜道："陛下祭祀时没有斋戒沐浴，所以才弄成这样。"胡亥竟信以为真。

之后，赵高安排胡亥上林苑游猎，自己则趁机将那些敢于说"鹿"的人都除去了。大朝之上，臣子即使奉承，对象也应该是皇帝。然而，赵高却能反客为主，颠倒是非，似乎他才是皇上。

赵高本为秦国宗室远亲，也就是秦始皇的本家。《史记》中没有赵高的本传，只是在《蒙恬列传》中提到："赵高者，诸赵疏远属也。赵高昆弟数人，皆生隐宫，其母被刑僇，世世卑贱。秦王闻高强力，通于狱法，举以为中车府令。"

赵高虽然是秦国宗室远亲，但是出身卑微，父亲因为犯罪被判宫刑，母亲也沦为奴婢。赵高出生在宫内，后来留在宫中服役。赵高生活在宫中，从小就学会了一套见风使舵的本领，因此很讨人喜欢。后来，秦始皇将他调到身边服侍自己。赵高知道秦始皇重视法治，为投其所好，便钻研狱律，因此很快得到了秦始皇的赏识，被提拔为中车府令，并成为秦始皇小儿子的师傅，是为宦官。

因为是"宦官"，赵高往往被认为是阉人，其实，"宦官"的本来意思是经常出入宫门的亲近侍卫之臣，并非现在所说的太监。也就是说，赵高只是任职于宫中的宦官，而不是被阉之臣。

赵高当了胡亥的师傅后，发现秦始皇十分喜欢这个小儿子，于是千方百计地讨好胡亥，想要培养一个自己能够左右的靠山。

公元前210年，秦始皇在第五次出巡时，突然死于途中，关于他的死，是被他人谋害，还是突然得了什么病，史料上的说法各有不同，成为千古一大悬案。

当秦始皇预感到自己的死期到来，他才想起皇位的继承问题。虽然他对儿子扶苏有意见，但认为他是个人才，应当继承皇位，便命令赵高写好"玺书"，让扶苏立即回咸阳。但是，未等"玺书"送出，秦始皇就驾崩了。

秦始皇刚驾崩，奸诈狡猾的赵高知道自己篡权的机会到了，于是展开了一系列的阴谋活动。赵高明白扶苏十分憎恨自己，他继位后自己只有死路一条，于是便与丞相李斯合谋，篡改始皇遗诏，立胡亥为太子，并赐死扶苏。

胡亥一回到咸阳后，便继承了皇位，史称秦二世。

秦二世继位后，赵高就开始肆无忌惮地抓权，其篡位的野心逐渐膨胀。为了实现篡权的目的，他实行的最主要的手段就是铲除异己，展开大屠杀。

赵高铲除异己的第一步就是为统一秦国立下了汗马功劳的蒙恬、蒙毅两兄弟。为了杀害他们，赵高"日夜毁恶蒙氏，求其罪过，举劾之"，最后以莫须有的罪名逼迫两兄弟死去。

赵高为铲除异己的第二步就是谋害朝中重臣与秦始皇的诸公子。右丞相冯去疾与将军冯劫都是在赵高的逼迫下自杀而死的。除去朝中重臣之后，赵高认为秦始皇的诸多儿子也是他日后篡权的巨大阻力，必须要彻底除掉这些人。于是，赵高开始大肆屠杀胡亥的兄弟姐妹们。最终，秦始皇的几十个儿女都惨死在赵高的手里。

赵高在迫害异己的同时，在朝中安插自己的亲信，他让自己的兄弟当了中车府令，让女婿当了咸阳县令，其他职位也纷纷安插上了他的人。

赵高铲除异己的第三步就是除掉当初的同盟者李斯。李斯实际上是赵高最大的劲敌，但由于李斯功高望重，赵高不便向他动手。

在赵高的挑拨离间下，胡亥对李斯越来越不满。最终赵高诬告李斯谋反罪状。胡亥将李斯交给赵高审理，于是，赵高将李斯的族人统统抓起来治罪，并对李斯严刑拷打，逼其认罪。最后，李斯被判决五刑罪，受腰斩而死。

李斯死后，朝廷再也没有人能与赵高抗衡了。但是赵高并不满足于此,他最终的目标是要代替胡亥,所以他才导演了"指鹿为马"的戏码,这样一来可以彻底清除朝中异党,二来赵高似乎也在与胡亥一较高下。

"指鹿为马"的戏码上演之后,朝中大臣无一不看赵高的眼色行事,任其为所欲为。此时,赵高认为时机已经成熟,便决定实行篡权的最后一步,除掉胡亥,自己登位。

经过周密的安排后,赵高命令自己的女婿阎乐率兵冲进胡亥宫中。胡亥还以为是陈胜的起义军打进来了,直到阎乐走进来,他才明白是怎么回事。他做梦也没想到害自己的人竟然是他无比信赖的赵高。

此时,胡亥还在做垂死挣扎,说:"我可以见见丞相吗?"阎乐一口拒绝:"不行!"胡亥又可怜地哀求:"可以给我一个郡王当吗?"阎乐嗤之一笑。胡亥绝望地说:"那留我一条命,让我当个老百姓也行!"最后,他无可奈何,拔出长剑,结束了自己懦弱的人生。

胡亥死后,赵高赶到大殿,取走胡亥身上的玉玺,大步向龙座走去,仰仗着自己也有嬴姓赵氏的血统,准备登位。然而,让他没料到的是,文武百官皆不低头,以无声的反抗摧毁了他的皇帝梦。赵高不得不暂时打消称帝的念头,将玉玺传给了秦始皇的弟弟子婴。

子婴十分了解赵高的险恶用心,知道自己登上皇位也只不过是一颗棋子。为了不重蹈覆辙,他与自己的贴身太监商定除去赵高的计划:在赵高送玉玺时,将他杀掉。按照皇位继承仪式,子婴应斋戒五日后方可登基。等到期限到了,子婴宣称有病,赵高只得亲自去找子婴。等赵高一到,早已准备好的太监一刀将赵高砍死了。

后来,庞大的大秦王朝迅速土崩瓦解。有人说,秦朝覆灭的最主要的原因就是赵高乱政。他篡改遗诏,杀害扶苏,谋害良臣,指鹿为马,篡夺帝位,随便哪一条都是祸国的大罪。

裙带宰相——李林甫

李林甫，唐宗室，历史上著名的奸相之一。

李林甫虽是奸臣，但作为有名的人物，他的"名字"却没有被记住，估计大家只记得他有一个很响亮的小名叫"哥奴"。"奴"在此并不是卑称，而是一个爱称，有点像今天的"小鬼"。

李林甫也的确配得起"鬼"这个字。他外表平易近人，和蔼可亲，但实际上却是不露声色，暗中伤人。他的交际手段已经到了登峰造极的地步，不仅令老实人胆战心惊，即便是老奸巨猾者也望而生怯。他阴险歹毒，却装得极为友善，正可谓：口有蜜，腹有剑。

李林甫是中国历史上的十大奸相之一，他为了专权固位，不择手段，谋害忠良。他在官场的所作所为就是踩着别人往上爬，自己登上顶峰后也不罢休，见别人上来了，马上一脚踹下去。可悲的是，他一路在升迁，也一路在祸害朝廷。

李林甫是长平王李叔良的曾孙，是宗室子弟，但因为关系太远，所以并没有承袭爵位。但因为有这个关系，他做上了千牛直长。这个官职有点类似如今的警卫队小队长。千牛卫虽然是皇帝的卫队，但是战斗力很低，因为它实质上是一个给贵族子弟混日子的职位。皇族子弟或者重臣的后人，通常年轻时都会有两个职位，也就是他们的岁数太小，还不适合做官的时候，不是给皇上、王爷的孩子当学伴，就是在千牛卫。

后来，李林甫从千牛直长升为监门直长后，就面临两个选择：一是继续当武官，二是转为文官。一般人都会选择走文官系统，因为文官前途相对武官来说更好。但是，武官转为文官后通常要降级。

然而，李林甫得到了舅舅姜皎的帮助。姜皎在李隆基没继位之前两个人的关系就非常好。李隆基继位后，姜皎就当上了殿中少监，十分得宠。后来，又逐步升为秘书监。秘书监没有什么职事，主要就是陪皇上聊天解闷。当然，也可以随时讨论国家大事。所以说，姜皎在开元初年是皇上面前的大红人，这就为李林甫的仕途提供了很大的帮助。

有了舅舅这个关系，李林甫进入吏部文官系统后，很快就做上了太子中允，正五品上。虽然这个官职品级尚可，但是没有什么实权，野心勃勃的李林甫不甘心于此，于是就向宰相源乾曜求一个"司马郎中"的官。司马郎中是刑部的一个司长，掌管全国的门关、道路等，实权不大，但前途无量。所以，郎官自然是万人瞩目的位置，需要德才兼并。然而，宰相源乾曜看不上李林甫，所以毫不犹豫地拒绝道："哥奴岂是当郎中的料？"

不过，后来李林甫还是升官了，成为"太子谕德"，正四品下。唐朝的官阶，三品以上只分正从，三品以下还要分上下。

接下来，李林甫的仕途一帆风顺。即使他的舅舅姜皎失宠被贬，也没有影响到他继续前进。因为，李林甫后来能够得到李隆基的赏识，与李林甫的个性有很大关系。李隆基是个爱玩的公子哥儿，李林甫也是同一类人。另外，李林甫还很擅长音律。李隆基也很爱音乐，甚至还会作曲，所以这恐怕也是李林甫得宠的原因之一。

李林甫成为吏部侍郎之后，就开始千方百计地向着顶尖位置爬去。为此，他想方设法地讨好妃嫔，结交宦官，目的就是通过他们了解唐玄宗的好恶。这样，朝廷有什么事，皇上有何想法，他都清清楚楚，所以他总能讨得皇上开心。

那时，唐玄宗正宠幸武惠妃，对武惠妃所生的寿王也甚是宠爱，并因此冷落了其他皇子。李林甫于是就通过宦官讨好武惠妃，表示愿意全力支持寿王。武惠妃因此常常在唐玄宗面前替李林甫说好话。

当时的宰相是张九龄，他是大唐名相，为人耿直。张九龄看出李林甫不是正路人，所以在唐玄宗想把李林甫提升为宰相时，极力地反对，并说："宰相的位置关系国家安危，如果李林甫为相，恐怕国家要遭受灾难。"后来，这些话传到了李林甫那里，他恨得咬牙切齿。他知道要想当上宰相，就要除掉张九龄。

张九龄是唐朝的另一个"魏徵"，无论什么事情，只要他觉得不对，都会与唐玄宗据理力争。于是，李林甫趁机在唐玄宗面前说张九龄的坏话，使唐玄宗逐渐对张九龄生厌。最终，唐玄宗听信了李林甫的谗言，找了个借口撤了张九龄的宰相职位，让李林甫当上了宰相。

虽然李林甫当上了宰相，但是他也只不过是众多宰相中的一个，如果想要独霸大权，还要继续努力。

唐朝的宰相是群体制，也就是有多个宰相。但是，宰相群体中也会出现"老大"。就是其中一个宰相大权独揽，其他的只是随声附和而已。

李林甫当上宰相后，第一件事就是将唐玄宗与百官隔离，不许大家在唐玄宗面前提建议。关于这个有个"立仗马"的故事。一次，李林甫召集谏官，公开说："当今皇上英明，做臣子的要按圣意办事，不许七嘴八舌。你们不知道立仗马吗？它们一言不发就能吃三品的马料，但是叫一声就会被拉出去不用，后悔也来不及了。"

事后，有一个谏官不服从李林甫，依然给唐玄宗上奏提建议。结果，第二天就接到命令被降级到地方做县令。此后，朝中百官谁也不敢私自向唐玄宗提建议了。

李林甫知道自己才望不高，于是就千方百计地排挤有能力的大臣，以此来巩固自己的地位。

一次，唐玄宗在勤政楼上眺望，看见兵部侍郎卢绚骑马经过，英姿飒爽，随口夸了几句。李林甫得知这件事后，马上将卢绚贬为华州刺史。

还有一个官员严挺之，很早就被李林甫排挤在外当刺史。有一次，唐玄宗想起他，就对李林甫说："严挺之很有才能，可以用。"李林甫忙说："陛下既然觉得他可用，我就去打听一下。"结果，李林甫将严挺之的弟弟找来，说："你哥哥不是想见皇上吗，我有一个办法。只要你哥哥上一道奏章，说自己得了重病，请求回京城看病，我就帮助他见皇上。"

严挺之果真上了一道回京城看病的奏章。李林甫马上拿着奏章去见唐玄宗，说："真是太可惜了，严挺之现在得了重病，不能大用了。"唐玄宗感到十分惋惜，随后给他安排了闲官。李林甫不仅顺利除去了严挺之，还在他面前装了一回好人，手段真是卑鄙！

像严挺之这样被李林甫暗伤的人很多。但是，即使李林甫装得再巧妙，他的阴谋诡计也终会被识破。所以，大家给他起了一个"肉腰刀"的外号，也就是说他这个人是口蜜腹剑。

李林甫当宰相后，一批又一批有才能的大臣遭到贬斥，一个又一个投机钻营的小人受到重用。也就是在这个时期，唐朝从兴旺转向衰败。

李林甫不但排挤朝中的文官，还陷害边境的节度使。担任节度使的王忠嗣战功赫赫，其手下的将领也都是骁勇善战的名将。李林甫见王忠嗣很有威望，怕唐玄宗将他调回京城当宰相，于是就找人在唐玄宗面前诬告王忠嗣想拥护太子谋反。结果，王忠嗣被降职处分。王忠嗣受不了这个冤枉，一气之下生病去世了。

当时，边境将领中有一些胡人。李林甫认为胡人文化水平低，不会威胁到自己的地位，于是就竭力劝说唐玄宗重用胡人。唐玄宗听了李林甫的话，提拔了一些胡人当节度使，其中有一个人就是安禄山。

安禄山最终骗取了唐玄宗与李林甫的信任，控制了北方边境的大部分地区，并秘密挑选八千精兵壮士，囤积粮草，准备叛乱。

没过多久，李林甫病死。之后，杨贵妃的堂兄杨国忠因为与李林甫素来不和，唆使安禄山诬告李林甫谋反。结果，唐玄宗下令将李林甫的棺材劈开，重新将他葬在乱坟岗上。李林甫的家人也全被流放。

755 年，安禄山经过周密的准备后，发动了叛乱，使得大唐元气大伤。其实这正是李林甫为了巩固自己的地位所造成的。

回顾李林甫的一生，他在官场上的"唯一作为"其实就是巩固自己的地位。他杀人无数，不择手段地将名臣将相纷纷除去，大权在握，使得唐朝从治世转向乱世。

六贼之首——蔡京

蔡京，字元长，北宋大奸臣。他先后四次任相，长达十七年之久，被弹劾为"六贼之首"。

"六贼"是北宋时期六个奸臣的合称，除了蔡京，还有王黼、童贯、梁师成、朱勔、李彦，都是北宋时期的重臣。他们贪赃枉法、结党营私、祸国殃民，结果导致金国进犯中原，因此背负上了"北宋六贼"的骂名。

蔡京这个人，与王安石变法有着很大的关系。然而蔡京支持变法，也不支持变法。那么他与变法到底是何关系呢？事实上蔡京只不过是将"变法"作为仕途上的工具而已。

蔡京初入官场时，就陷入艰难的选择之中：支持变法，或是站在旧党一边。

最初，蔡京十分迷茫，因为他本人出身官宦家庭，所以是有点抵触新法的杀富济贫之策的。可是，王安石带头的新法派已经明显占了上风，就在他犹豫不决时，他的弟弟给他做出了榜样。

蔡京的弟弟蔡卞与他同中进士，一起进入官场，因为支持变法而获得了王安石的赏识，并且成了王安石的女婿。之后被调到朝中做了中书舍人，相当于皇帝的秘书。

看到弟弟这样，蔡京明白了：要想升官，就要支持变法。

为了取得王安石的信任，他找到了一个办法：兴修水利。兴修水利是变法中的内容，也是王安石很看重的工作。蔡京抓住这点后，就上奏请求在莆南修建堤防，保护农田。果然，此举得到了王安石的赞赏。之后，蔡京就成为新法的坚定拥护者，也因此官运亨通，升至开封知府。

然而，好景不长，蔡京的仕途在关键时刻遇到了巨大的挫折。支持变法的宋神宗得重病死了，变法的主持者王安石也罢官而去，新法派失去了强力的靠山。

蔡京急忙将眼光投向新皇帝。皇位第一继承人宋哲宗赵照年仅十岁，如果他继位，权力势必要落到高太后手中。

高太后反对新法！而且，高太后要起用旧党带头人司马光。

司马光重返政治中心后，就将王安石的新法全部推翻了。只要是新法政策全部废除。于是，司马光下达了废除免役法，恢复差役法的通知。

然而，完成这个任务的第一人并不是旧党人员，而是曾经的变法主干蔡京。

蔡京为了讨好司马光，积极向旧党靠拢。在其他大臣还在讨论是执行还是反对时，他就已经付诸行动了，并且五天之内就在自己所管辖的地方完成了。

蔡京从新法的支持者变成了旧党的急先锋，这样难免会引起他人的猜疑。很快，许多弹劾蔡京的本子纷纷而来。司马光发现蔡京原本是变法派，然后就将他贬到了瀛洲做知州。

后来，旧党派的靠山高太后死了，哲宗开始亲政，他清除了旧党成员，恢复变法，重新启用新法人士。于是，蔡京又凭着被旧党打压的光辉历史，被判成了新法派，从而被调回京城，当上了户部尚书。

此时，新党的领袖人物成了章惇。章惇恢复了王安石时的变法政策，而之前在五天之内废除免役法的蔡京又坚定地走上了支持免役法的道路，并因此获得了章惇的信任。

蔡京成为新法人士后，成为翰林学士兼侍读。接下来，他开始为旧党成员罗列罪名：与高太后联合废除陛下等，他给旧党派编织了很大的罪名，连哲宗都大吃一惊："他们真的有这么歹毒吗？"对此，蔡京的回答是："他们的确有心，但还没有来得及行动！"

结果，很多旧党人士都被拉下马，罢官的罢官，丢命的丢命。新法，对蔡京来说，向来都不重要，它只不过是蔡京政坛上的利器而已。蔡京用它来报复仇人，排除异己！

宋徽宗是历史上有名的昏君。他在位二十五年，有六个很宠信的大臣，这六个人就是"北宋六贼"。

蔡京是如何得到宋徽宗的宠信呢？

蔡京是历史上很有名的书法家。北宋四大书法家"苏黄米蔡"中的蔡指的就是蔡京。不过，后世以字取人，因为鄙视蔡京，所以以蔡襄代之。

宋徽宗喜欢写字作画，除了皇帝这个称号，他也是著名的书画家。他自创瘦金体，其花鸟画也自成风格。在宋徽宗还是端王时，他就对蔡京的字十分仰慕，并大方地花了两万钱从蔡京的衙役手里买走了蔡京所题的扇面。所以，宋徽宗未登位前，蔡京就为自己获得重用打下了很好的基础。

宋徽宗刚登位时，大权掌握在太后向氏手中。向太后是反对变法的，蔡京因为主张变法，被贬到杭州。蔡京为了讨好皇上，他先巴结皇上的近臣童贯，不仅将自己收藏的书画送给童贯，还将自己十六岁的侄女送给童贯。每次童贯从杭州回去，都能给皇上带回大批书画与美女。童贯自然就少不了向宋徽宗吹嘘蔡京。

通过一系列交易，蔡京不久就被调回京城，并当上了丞相。虽然有人在宋徽宗面前揭发蔡京的腐败行为，但是宋徽宗早已与蔡京趣味相投了，不但不怀疑他，还对他宠信有加。

蔡京执政后，马上推行新法，大整旧党。为了发泄一己私愤，他将司马光以下共三百零九人列为"奸党"，并请宋徽宗御书写名单刻在石碑上称为"党人碑"。

为了进一步巩固自己的地位，蔡京挖空心思地讨好宋徽宗。他不但竭力地满足宋徽宗的嗜好，还鼓动宋徽宗侈靡。宋徽宗喜欢奇花异石，蔡京就让自己的亲信大商人朱冲到处搜寻，并让朱勔兴起花石纲之役为皇上修建宫殿。

为了满足宋徽宗的奢靡生活，蔡京打着"新法"的旗号，残酷地剥削人民。他利用免役法执行过程中的漏洞，制定了各种条例，千方百计地向百姓增收雇役钱。其中，有一个很小的州，徭役钱从每年的四百贯一下子涨到了三万贯！

蔡京与宋徽宗一样，生活也极度腐朽。

据史料记载，有一个官员从京城买了一妾。此妾是蔡京府中的包子厨。一天，官员让这名小妾做包子吃，小妾说自己不会做，官员责问其说："你不是包子厨吗，为何不能做？"小妾回道："我只是其中一个切葱丝的而已。"可想而知,太师府中,有专门切葱丝的,也必定有专门剥蒜的、择菜的,以此类推,真不知道该有多少厨师、帮手、杂工在伺候着蔡太师的这一张嘴。太师府,光名厨就有十五个,有时仅仅为了做一碗羹,要杀死几百只鹌鹑。

一个不好的皇帝遇到了一个不好的宰相,这个国家必定要出问题。在这一对奸臣昏君的折腾下,北方金兵逼近京城。腐朽无能的宋徽宗逊位了,让他的儿子也就是宋钦宗继位。随后,在朝野上下的一片讨伐声中,蔡京被流放到海南岛。

蔡京被流放还不足以泄民愤,在他充军发配的途中,老百姓们不卖给蔡京一粒粮、一根菜、一块饼、一根面条。没有人下命令,没有人贴布告,但是天下百姓却表现出了不可思议的齐心,让蔡京活活地饿死了。

北宋末年,有首民谣唱道:"打破筒,泼了菜,便是人间好世界。"其中的"筒"指的是童贯,而"菜"指的正是蔡京。

千古佞臣——秦桧

秦桧,字会之,北宋末年任御史中丞,南归后任宰相。

秦桧是中国历史上的十大奸臣之一,因为以"莫须有"的罪名害死了精忠报国的岳飞而遗臭万年。

秦桧原是北宋的大臣,徽、钦二帝被金兵俘虏时,秦桧与他的妻子王氏也一块被俘。然而,秦桧善于见风使舵,金太宗就将他分到其弟挞懒部下做官。后来,挞懒率领部队南侵,让秦桧随行。

秦桧是一个文官,挞懒让他随行,是想让他到南宋去当内奸。因为此时秦桧投靠金国的事还未被南宋得知,所以,挞懒想以其诱和,内外勾结,迅速地将南宋逼到绝境。

秦桧南归后,大臣们怀疑他是金国派来的内奸,对他提出了一连串的疑问。秦桧则谎称是杀死监视他们的金兵而逃回来的。宰相范宗尹与秦桧交情匪浅,于是竭力向宋高宗推荐秦桧。

宋高宗此时也正想与金人议和,就立刻任命秦桧为礼部尚书。宋高宗想要议和,因为他想做皇上,只是想保持现状。

如果不议和,可能会有以下结果:

第一,南宋成功地打回北方。这样不但二帝成功回来,北宋的那些旧臣也会回来。此时,朝中多数大臣不会拥戴宋高宗,他就会面临让位的风险。

第二,南宋失败了。这样,不但作为人质的二帝会被杀害,自己也可能会被杀掉。如果议和的话,至少自己可以保住现在的皇位。宋高宗刚当上皇帝,所以他为了保住位置,肯定不愿意冒任何风险。

第三，打回北方的岳飞等将领原本不是北宋的大将，而是临危受命的人才。宋高宗的祖先赵匡胤就是军事将领出身，所以宋高宗害怕到最后被人篡位，他进攻北方的目的只是为了迫使金国求和。

基于不议和的三种结果，宋高宗势必要与金国议和。而秦桧力主议和，自然就会被宋高宗重用。

秦桧对宋高宗说："要想天下无事，就得'南人归南，北人归北'。"因为南宋的军队主要是由北方人所组成的，所以按照"北人归北"的主张去做，那么南下的北方人士就得回去接受金国的统治，就等于南宋自己解除武装，放弃对金的抵抗。

秦桧的主张引起群臣的强烈反对，而宋高宗虽有求和的意愿，但也没有冒天下之大不韪的决心。因此，秦桧的投降之策不但未被采用，还被驱逐出朝廷。

1138年，宋高宗又起用秦桧为相，他知道只有秦桧能帮他实现"求和"。

此时，南宋已经在江南地区建立了稳固的政权。南宋的国力日益增强，为抗金奠定了坚实的物质基础。同时，岳飞一手创建的岳家军在经历了多次战役之后，逐渐壮大起来，成为南宋最具有战斗力的一支军队。南宋的军力也处于开战以来最强盛的时期。

然而，在秦桧眼里，目前的形势十分有利于求和的政策。他急忙对宋高宗说："如果陛下想求和，就不能让群臣干涉。"于是宋高宗派秦桧专门负责与金议和。

1139年，秦桧不顾岳飞等人的反对签订了第一个宋金和约。宋金和约签订以后，宋国对金国称臣，年贡白银二十五万两，绢二十五万匹。

此后，秦桧在朝廷中的地位大大提高了，宋金之间的问题全部由他决定。

秦桧全权负责求和后，就进入了朱熹所说的"中则挟虏势以要君"的阶段。

然而，宋金的第一个和约签订不到一年，金国政权就发生了变动，对南宋采取讲和主张的挞懒被杀，宗弼得势。金国撕毁和约，直攻河南、陕西。

抗金将领岳飞、刘锜在百姓的大力支持下，痛击金兵，宋军取得了空前的胜利，金强宋弱的形势扭转了，南宋处于开战以来的最有利时期。

此时，金国已经陷入了内外交困的境况。因为金国建立之初，实行的是全民皆兵制，一旦战争他们就无法生产，只能靠抢掠来获得口粮。所以，对他们来说连年征战而一无进展是最恐怖的，长期下去，连生存都是问题。

岳飞迎着胜利的形势，向朝廷报告要求乘胜进军。然而，宋高宗、秦桧却只知道维护自己的权势，他们既害怕金国重新打回来，更害怕岳家军强大起来，威胁到他们的地位。于是，胜利在望之际，宋高宗、秦桧一天之内连续下了十二道金牌，紧催岳飞撤军，否则就以"违背圣命"处置。

岳飞被迫撤军，中原的百姓叫苦连天，很多人拦住岳家军不让他们走。岳飞说："朝廷有诏，吾不得擅留！"随后，岳飞含泪拿出诏书给百姓看，于是哭声震野。

岳飞回京城后，被宋高宗封为枢密副使，表面上是升了官，但实际上被撤掉了兵权。金国得知后，便密信给秦桧说："你朝想向我们求和，但岳飞却想用武力夺我中原，除非杀掉岳飞，否则我们是不会同意议和的。"

秦桧也想除掉岳飞，他怕岳飞活着自己没有好下场，于是下定决心除掉岳飞。

最终，秦桧一党绞尽脑汁，罗列罪名，以"莫须有"的罪名处死了岳飞。就这样，秦桧酿下了一起千古奇冤，永远遭人唾弃，遗臭万年。

但是，后世也有人为秦桧洗白，说他并非金国奸细，只是替宋高宗办事。

事实上，秦桧是否为金国奸细并不重要，重要的是他做了卖国的事情。

当然，也有人说秦桧主张议和是为了天下苍生。战争带给老百姓的是深重的灾难，生灵涂炭，妻离子散。的确，求和停战使得百姓获得了和平。然而，这种和平只是短暂的。秦桧的议和行为极大地摧残了民族的自信心，以致南宋苟延残喘，最终还是被元所灭。这一切其实都是由秦桧的卖国求和行为造成的。

《宋史》记载："桧两据相位者,凡十九年,劫制君父,包藏祸心,倡和误国,忘仇斁伦。"秦桧主政十九年期间,架空皇帝,残害忠良,结党营私,卖国求荣,甚至还图谋篡位。他的这些行为是不可能推诿给别人的,说他是祸国殃民的民族败类,实在是不为过。

南宋奸相——贾似道

贾似道,字师宪,号悦生、秋壑,南宋奸相之一。他喜欢逗蟋蟀,而且还专门写了一本《促织经》(专论蟋蟀的书),所以还被称为"蟋蟀宰相"。

宋朝有很多奸臣与贾似道一样,是有一技之长的权臣。贾似道会玩蟋蟀,秦桧、蔡京是书法家,高俅会踢球。

贾似道的祖辈做过高官,但是到了他父亲那一辈,家门不幸,贾似道十岁那年,父亲就去世了,这对贾似道的打击巨大。此后,贾似道破罐子破摔,跟街头巷尾的一些流氓混在一起,整天偷鸡摸狗,吃喝嫖赌。

宋朝官场有一个很好的福利,有过功劳的高官,其子孙能够解决工作问题。所以,贾似道被安排了一个管粮仓的工作。这个官虽然不大,但总算是吃上官饷了。

一个仓库管理员要想出人头地,可不是一件容易的事情,若想当上宰相,更会被人说是做白日梦。

然而,贾似道有一个失散很久的姐姐。

这个姐姐如花似玉,与贾似道同父异母,参加了皇宫的选美比赛,并被选入宫中。他的姐姐不但长得漂亮,而且乖巧聪明,很受宋理宗宠爱,因此被封为贵妃。

贾贵妃很聪明,受宠之后想找个娘家人来帮衬自己,这样才能长享富贵。就这样,贾似道因为裙带关系而飞黄腾达,一步登天,短短几年,他就升到了右丞相兼枢密使。

在宋朝,丞相是最高行政长官,而枢密使是最高军事长官,一人身兼文武两种要职,权力可谓到了极点。

贾似道是如何利用他的权力呢?

贾似道得势后,内心开始膨胀,少时染上的市井无赖习气,逐渐转为贪财谋私的剥削欲望。贾似道敛财的主要手段就是卖官。他公开卖官,将官场改为自己的生意场,将各类官职明码标价,官场顿时变成了一个乱哄哄的卖场。一时间,官场内小人蜂拥而至,他昔日里结交的那些小混混也都来投靠他。贾似道对这些人,不分好坏,统统接纳。

贾似道还嗜爱美玉,有人投其所好,送其宝玉,其他人也纷纷效仿,于是贾府里的名贵玉石堆积如山。为了得到美玉,贾似道也不择手段。他听说词人周密家有一条祖传玉带,便上门索取,不料玉带已随先人陪葬,贾似道便命人挖人家祖坟。

贾似道的才能全都用在了搜刮民膏上面。比如历史上有名的"买公田"事件。所谓的"买公田",就是朝廷以低价强买中小地主的土地,然后转租给农民。这样一来,遭受损失的地主就会将损失转嫁给佃户,从而加重了农民的负担。当时,食盐与漕运都属于官府专营,贾似道却无所顾忌,公然贩盐用漕运官船携带私货。

贾似道除了贪,还好色成性,家里妻妾成群,有名分的老婆就有六十多个,但是他仍嫌不足,到处偷香窃玉。无论是谁家妻女,只要被他看中,都难逃被蹂躏的厄运。即使是宫女、出家的比丘尼,只要长得美,贾似道也敢肆意玩弄。

然而,贪财好色只是贾似道所做的"小事",他要做的是祸国殃民的"大事"。

南宋与蒙古联合灭掉金国之后,南宋乘机出兵,想要收复开封、河南一带。此后,蒙古、南宋双方不断发生战争。

1259 年,蒙古大汗蒙哥率兵进攻南宋。南宋边境鄂州被围数月,然而董宋臣等人却隐瞒宋理宗,不让其得知。直到朝中的大臣们想要出逃,宋理宗才知道蒙古来攻。宋理宗胆小懦弱,想要迁都逃亡。这一举措马上遭到了文天祥等人的反对,宋理宗只好让贾似道率兵出征。

这就是贾似道专权误国的开始。

贾似道根本就没有领兵的才能,而且是个胆小鬼,在移兵黄州的路上,远远看到一支队伍,以为是蒙古军来了,吓得抱头叫道:"这下死定了!这下死定了!"等人报知前面的敌人不是蒙古军,而是小队的南宋叛军,贾似道这才信心十足地赶跑了叛军。有这样的首领,军队再强,也难打得了胜仗。

当时,鄂州城的守卫战打得异常激烈,南宋军队给忽必烈率领的蒙古军造成了沉重的打击。南宋军如果坚守，蒙古军是很难向南推进的。然而，贾似道却吓破了胆，向蒙古求和，但是被忽必烈拒绝。正在此时，进攻四川地区的蒙古军战败，蒙古大汗蒙哥病死。忽必烈为了回去争夺汗位，准备率兵北还。如果此时贾似道能趁势追击一定能获得大胜。然而，贾似道明知蒙古军要撤离，却偏偏主动求和，忽必烈趁机要求南宋每年贡奉大量财物。

蒙古人一走，贾似道就开始想如何邀功了。他使用的手段就是瞒和骗。

首先，割地赔款的事情不能让宋理宗知道。为此，贾似道封锁消息，布置了宏大的胜利场面，然后说自己如何打退了蒙古军等，把宋理宗和朝廷大臣们都蒙在鼓里。

其次，当蒙古按照和议来索取财物时，贾似道就将蒙古使者关押起来。

最后，贾似道所采取的第三种篡权手段就是制造舆论宣传自己。他命人为自己编写了《福华编》，竭力鼓吹自己所谓的"援鄂之功"。

贾似道一番折腾后，宋理宗忙不迭地给他升官加爵。贾似道此时是大权在握，无人能及了。

当然，贾似道当政期间，也没忘记作为奸佞之臣应该为皇上做的事情，即为皇上搜罗美女，引诱皇上纵情享乐。

宋理宗死后，宋度宗继位。宋度宗上台后，开始限制贾似道的权力，表现得很像一个好皇帝，朝野上下为之一振。一些正直的大臣于是抓住机会弹劾贾似道。贾似道深知，这样下去自己早晚被灭掉。

于是，他导演了一场大戏。他先是弃官隐居，然后让亲信编造蒙古南侵的消息。宋度宗竟然信以为真了，他立即召集大臣，商量抗击蒙古军之策。就在这时，他想到了能抗击蒙古军的"大英雄"贾似道。于是，宋度宗请求贾似道出山。贾似道要求封官。宋度宗封他为平章军国重事，还加封他为魏国公，并尊称他为太师。这样，贾似道才心满意足地出山。

贾似道当然知道蒙古进犯是假的，但是却装出万死不辞的样子出征了，到"前线"转了一圈，就回去了。贾似道一回来，宋度宗就将大权交给了他，此后，江山表面上姓赵，可是实际上已经姓贾了。

之后蒙古军进攻襄阳。贾似道又采取了瞒和骗的策略，不许任何人提起蒙古进犯的事情，如果谁提起，就处理谁。一次，宋度宗问他："蒙古军已经围攻襄阳三年了，怎么办啊？"贾似道却不以为然地说："陛下不要听人胡言乱语，这完全是谣言！"随后，他又逼问出透露消息的人，将其处死。众人见到这种情形,谁也不敢再提此事。

宋度宗在三十五岁时去世,宋恭帝继位。宋恭帝只有四岁,所以,大权就落到了谢太后手里。

此时,襄阳已经被围困五年。城中已断粮多时,人们"以人骨为炊,以纸币做衣服",守将吕文焕每天登上城楼,苦苦等救兵,见救兵不至,只好出城投降。襄阳陷落,蒙古军以破竹之势攻下樊城,继续南进,南宋都城临安危在旦夕。

大臣们纷纷要求贾似道出征。于是贾似道带着十三万精兵出发了。

贾似道到了安徽一带,故伎重演,向蒙古求和。他给元朝丞相伯颜送去了大礼,并恬不知耻地说:"您要钱要地,尽管说! 总之,不要打就好!"但伯颜根本不买他的账,拒绝议和。议和不成,只能兵戎相见。但贾似道还没有抵抗,就丢下军队,带着几个手下逃跑了。南宋军队陷入一片混乱,粮草全部丢给了元军,伤亡更是不计其数。

回到朝廷,贾似道像没事儿人似的,还拼命地讨好谢太后,以巩固自己的地位。可是,纸是包不住火的,朝廷大臣纷纷上奏,要求诛杀贾似道。在强大的压力下,谢太后将他贬到广东一带。

无巧不成书,押送贾似道的人正是他的仇人郑虎臣。郑虎臣的父亲被贾似道害死,自己也受到他的陷害。在押送的途中,郑虎臣多次暗示贾似道自尽。但贾似道就是不肯自尽。因为自尽也是需要勇气的,而贾似道太胆小了。最后,郑虎臣将他处死,贾似道恶贯满盈的一生就此结束了。

人的一生不可能一辈子做好事而没做过坏事,也不可能一辈子只做坏事而没做过好事。然而,贾似道的确没有做过一件对南宋王朝有利的事情。虽然大宋王朝的灭亡绝不是贾似道一人之力,但绝对是他将积重难返的南宋王朝亲手推上了死路。

奸贪误国——严嵩

严嵩，字惟中，明朝权臣，也是历史上有名的奸臣。

严嵩出身贫寒，他的父亲是个穷秀才，自己久考未成，就将希望寄托在儿子身上。作为儿子，严嵩没有辜负父亲的期望，在二十五岁时考上了进士，被授为编修官职。但是，就在他要大展宏图之时，他的母亲去世，他不得不回家守孝。

严嵩很孝顺，母亲的去世对他打击很大，让他生了一场大病，因此他还做了一个惊人的决定——辞官归隐，为母守孝。这一守就是十年。

整整十年，一个人能有几个十年？但是从某种角度来说，严嵩也算因祸得福。因为他在家边守孝边读书，渐渐名声远扬。守孝十年后，严嵩复官，被派往南京的翰林院。在复官后的十年中，严嵩领悟到了权力的重要性。他知道，要想掌握大权，就必须找个靠山。

当时，明世宗在位，沉迷道家，对政事漠不关心，大小事都交给宠臣处理。而严嵩的老乡夏言很受明世宗宠信，于是，严嵩一个劲儿地巴结夏言。有了夏言的举荐，严嵩步步高升。

嘉靖四年，严嵩被派去祭拜显陵。明朝皇帝在生前都会给自己修建陵墓，从明成祖迁都北京之后，皇家陵墓全部建在天寿山麓，共有十三位皇帝的陵墓，所以也被称为"明十三陵"。那么显陵是谁的呢？其实显陵不在这十三陵之中。因为显陵是明世宗的生父朱佑杬的。

明世宗的皇位是从他的堂兄明武宗那里继承过来的。明武宗死时，没有留下子嗣，而且是一脉单传，所以皇位就由最近支的堂弟明世宗朱厚熜继承，年号为嘉靖。

严嵩回来后声称自从拜了显陵之后，天降各种祥瑞，并请求明世宗将这些祥瑞刻在石碑上纪念,以向天下昭告皇上的孝心。明世宗立刻批准了严嵩的请求,并给他升了官,不过他得去南京任职。

五年后,严嵩以庆贺皇上生日为借口回到北京,正好遇上朝廷要修改宋史,于是精通文史的严嵩留在了京城。

在"大礼议"(大礼议,表面上是明世宗在与杨廷和为首的旧臣们,争论生父朱佑杬尊号的问题,实质上是明世宗通过议礼之争来打击杨廷和为首的先朝大臣。)中,严嵩虽没有像内阁首辅杨廷和那样与明世宗明争,但也看不起那些一味讨好皇上的"议礼派"。

大礼议之争后,明世宗将生父尊为皇帝。但是,明世宗还想更进一步将父亲供奉在太庙里。太庙最早是供奉皇帝先祖的家庙,后来皇后和功臣神位也可以进入太庙。

当明世宗想要将父亲供奉在太庙时,严嵩明确了自己的立场,他和很多大臣一起反对,希望阻止明世宗。我们知道,严嵩正值壮年时,弃仕途而选孝道,说明他有着严格的家庭伦理观念,是一个有原则的人。所以,严嵩本能地对明世宗的行为做出了抗拒。然而,明世宗对此很不高兴,大发雷霆,严嵩因此而惶恐不安。

如果一个人没了底线,那他什么都敢做!从此以后,严嵩没有了原则,彻底沦为一个只会看皇帝脸色行事的人。

严嵩彻底地丢下自己的立场,只为了支持明世宗而支持明世宗,一下子变成了积极为朱佑杬进太庙出谋划策的人。这次,他又套用了给朱佑杬扫墓的一套,说在给朱佑杬上完尊号后,天上出现了祥云等,还专门写了《庆云赋》《大礼告成颂》讨明世宗欢心。

不久后,严嵩被封为太子太保(一品,主要是作为荣誉性的官衔封给亲信大臣),并随从皇上回承天府(皇上家乡)看父老乡亲。

此时,严嵩成了皇上身边的大红人,只要有人请他办事,严嵩都向他们索取贿赂。后来,很多大臣纷纷上奏弹劾严嵩。然而,每次被弹劾,严嵩都能适时地向明世宗表露忠心,事情也就很快过去了。

明世宗为何会如此放任严嵩呢?

明世宗是一个颇具争议的皇帝,有人说他昏庸无能,也有人说他"最会做皇帝"。他修道、炼丹,玩的同时还牢牢地控制了朝廷大权,的确不简单。

他虽然痴迷于修道，但也并非完全不理政事。他是一个聪明有自信的人，而且还有点刚愎自用。

"大礼议"事件对明世宗的影响巨大。那次事件中，几乎所有的大臣都站到了他的对立面。之后，明世宗很难再信任朝中的大臣们，更不许大臣结党营私。而严嵩深深地看透了明世宗的性格特点，并很善于利用这一点。明世宗自以为聪明，严嵩就事事顺从；明世宗反复无常，严嵩就不提任何建议；明世宗不许大臣拉帮结派，严嵩就将自己孤立起来。明世宗将严嵩当成心腹，严嵩就将皇帝作为自己的靠山，以谋权势。

然而，在通往权力巅峰的道路上，有一个人已经挡在了他的前面。这个人就是夏言，万人之上的首辅大人。夏言虽然推荐过严嵩，但是他为人刚直，根本看不上严嵩，甚至有时对明世宗也比较强硬。

自从成了皇上身边的红人之后，严嵩就暗下决心要扳倒夏言。但是，夏言在皇上心中还是很有地位的。所以，严嵩只能静下心来伺机而动。平日里，严嵩表面上对夏言表现得十分恭敬。一次，严嵩邀众臣吃饭，首辅大人没给他面子，但他还是给夏言留了上座，并朝着他的座位拜了又拜。后来，事情传到了夏言那里，他觉得严嵩实在是无足轻重，于是也就对他放下戒备之心。

"将欲夺之，必固与之"，夏言以为得到了严嵩的尊重，但事实上却是他被出卖的开始。

明世宗崇信道教，一天他心血来潮，特地让人做了五顶道士帽赐给他最亲近的五个大臣。其中有夏言与严嵩。这本是明世宗的好意，然而夏言却是个直性子，从不戴御赐的帽子，并不以为然地说："这是道士戴的帽子，戴这东西上朝，那朝廷岂不成道观了。"

而严嵩呢，就是要跟夏言唱反调，你不重视皇上的帽子，我重视！他还专门在帽子外面罩上了一层轻纱，每逢皇上召见时就戴上。明世宗看见后，心里的天平失衡了，更加信任严嵩，而夏言遭到排挤，失宠了。

最后，在严嵩一步步的暗算下，两次担任首辅的夏言被勒令辞官回家。此时，明世宗还念着夏言多年的功劳，准许他以尚书的身份衣锦还乡。然而，严嵩觉得这样不保险，万一以后皇上想起了夏言，自己又得让位了。严嵩下定决心以绝后患。他给夏言罗列了很多罪名，并勾结锦衣卫首领向明世宗参了一本，最后以"莫须有"的逆反罪名将夏言处死，并暴尸街头。

从害死夏言开始，严嵩专横朝政二十年，在他的儿子严世藩的协助下，大肆索取贿赂，结党营私。赵文华因贪污被贬，后通过贿赂严嵩而东山再起，此后帮助严嵩打击陷害异己。仇鸾也是因罪被罢官之人，讨好严嵩后成为大总兵。后来，仇鸾犯了误国之罪而被罢官戮尸。

结党营私的同时，严嵩还排除异己，陷害忠良。御史叶经、兵部员外郎杨继盛等一个个忠良人士都惨死在严嵩的阴招之下。只要是严嵩不喜欢的人，要么被贬，要么被杀。

在严嵩执政后期，由于他大肆贪污军饷，军队武器陈旧不能更新，边关将士因军饷难以发放而怨声载道，战斗力削减。北方蒙古军及东南倭寇不断进犯明朝，边境危机严重。朝野上下，贪污横行，民间赋税日益加重，民不聊生，社会矛盾日益激化，明朝的统治面临严重的危机。

面对这样的境况，明世宗逐渐对严嵩不满，并转而信任徐阶。徐阶推荐给明世宗的道士蓝道行，趁机借仙人之口指出严嵩父子是祸国奸臣。明世宗由此产生了撤掉严嵩的想法。御史邹应龙得知皇上的想法后，立刻上书弹劾严嵩父子，请求斩杀严世藩，罢免严嵩。明世宗以严嵩放纵儿子严世藩为由将他罢免，并将严世藩收进监狱。之后，严世藩依法被斩，而被抄家的严嵩只好寄居在守墓人的房子里。

这位明世宗曾经最宠信的权臣，也展现了他顽强的生命力，在一无所有，靠着偷吃别人的贡品为生的情况下，仍然活了两年多。看来，严嵩落此地步怪不得任何人，谁让他是一个贪生怕死、苟且偷生的人呢！

世间巨贪——和珅

和珅,字致斋,他是贪官的代名词,家产值达到八亿两白银,相当于朝廷十年的财政收入总和。

说起和珅,几乎人人都不陌生。人们经常在电视上看到这位被正直大臣捉弄的贪官形象。

历史上关于和珅的说法很多,他的贪污行为是人们公认的,而且还创造了历史纪录。他一人同时兼任十个要职,权倾朝野。当然,跟他对着干的清官有很多,最有名的有纪晓岚与刘墉。

关于和珅肆意妄为的行为,明察秋毫的乾隆是不可能没有察觉的,即使他没有察觉,纪晓岚、刘墉之辈也会向乾隆告状。实际上,和珅之贪,乾隆是心知肚明的。但是,乾隆为什么始终没有除掉和珅呢?只有一个原因,就是他根本没有杀掉和珅的念头。不仅如此,乾隆还十分宠信和珅。从某种角度来说,正是乾隆造就了这么一个世间巨贪。

乾隆宠信和珅,不整治他,原因有很多。

其一,和珅是个美男子,长得英俊潇洒。和珅能进宫接触到皇上,外貌就是契机。

和珅是满洲正红旗人,祖先是开国功臣,但年幼时,家道中落。因为有满族这个重要的出身,他仍可以在八旗子弟的官学中读书,接受了很好的儒家教育。因为贫穷,少年和珅尝尽世态炎凉,发誓一定要出人头地,一定要获得权力。

大学士英廉听说北京官学中有一个相貌长得英俊的美少年和珅,就暗自对他考验,最后对他很满意,并将孙女嫁给他。当时,和珅家徒四壁,经常吃不饱饭,能够得到这样的机会,简直是天上掉馅饼。后来,和珅考举人没考中，就靠着裙带关系进入宫中当侍卫，主要就是给乾隆抬轿子。

抬轿子虽然是个打杂的角色，却是能接触到皇上的捷径。很快，和珅就抓住机会和皇上搭上了话，并获得乾隆青睐。乾隆用人，不仅要有才能，还喜欢长得好看的，从此和珅便飞黄腾达了。

其二，乾隆喜欢被人奉承。

乾隆比和珅大三十九岁，和珅专权时，乾隆已经迈入晚年。人年纪大了，都会犯一种毛病，就是喜欢听恭维话。皇帝更是如此，作为一国之君，年纪大了，精力有限，希望有人帮他出主意，更希望有人讨他欢心。简单来说，乾隆晚年需要一个有才能的"奴才"来辅佐他。但是，才子大多自命不凡，桀骜不驯。乾隆时期，纪晓岚与刘墉十分有才，但是他们绝不可能像和珅那样去阿谀奉承。而和珅正是乾隆所喜欢的有才而且又愿意当奴才的人。

据史料记载：乾隆刚咳嗽一声，和珅马上将痰盂捧到乾隆面前。这种小太监干的活儿，和珅都干得出来，而纪晓岚、刘墉绝对不会干。

和珅能这样做，也是客观环境所造成的。他的父母死得早，为了生存，不得不忍气吞声，于是人性中的"奴性"就发挥出来了。尤其到了青年时期，和珅本来是想从正常的渠道走进官场的，但是乡试却名落孙山。这时候，他的祖丈人英廉劝他放弃考试，去当侍卫，所以才走上了一条通官的捷径。

和珅得到乾隆的赏识是偶然的，也是必然的，因为和珅已经具备了一个宠臣的全部条件，而乾隆也刚刚进入老年期，十分需要一个听话能干的臣子。于是，两人一拍即合，一个有了得力助手，一个受到宠信青睐。

其三，和珅确实有才，精通汉、满、蒙、藏四种语言文字，大清文武百官中，仅此一人。

乾隆七十大寿前一年，接到了西藏的书信。乾隆打开书信一看，看不懂，原来是藏文，乾隆问大臣们谁认识这些字，结果没有人认识。乾隆突然想到和珅懂，于是马上将和珅叫来翻译这封书信。这封信是西藏的六世班禅写来的，他准备亲自到京城给乾隆祝寿。乾隆听了十分高兴，马上让和珅用满、汉、藏三种语言文字拟定诏书，请六世班禅于第二年万寿月到热河（今承德地区），并命和珅抓紧建须弥福寿之庙，以备六世班禅享用。

之后，朝廷对西藏的诏书，都是用满、汉、藏三种语言文字书写，全由和珅负责。因此，乾隆还提升和珅为理藩院尚书，掌管蒙、疆、藏三地事务。

其四，和珅能与乾隆同悲共喜。这一点是难能可贵的。

乾隆是一个很孝顺的人，每天命宫女给他母亲梳头，掉地上的头发都一根一根地捡起来。乾隆还专门用黄金打造了一个金发塔，用来珍藏母亲的头发。母亲去世后，乾隆罢朝三天，长跪不起。很多大臣都劝他，皇上要节哀，要以大局为重，只有和珅没劝过乾隆一句，他默默地陪着乾隆，乾隆不起来，他也不起来；乾隆不走，他也不走，一句话也没有说。三天后，乾隆瘦了，和珅也瘦了。和珅不去劝乾隆，因为他知道这个时候说什么都是多余的。

其五，和珅很懂皇上的心思。

乾隆帝晚年最爱享受，但他同时也很爱面子，他一生的愿望就是"立德、立言、立功"。乾隆前四次南巡，每次都会花掉国库中大量的银子，所以引来不小的批评。和珅对乾隆了解甚深，看透了皇上的心思，在第五、六次南巡时，他给江南每位官员、大商人都写了一封信，意思是皇上要南巡了，各位要好好伺候，结果没花一点国库的银子。

为了满足乾隆的享乐欲望，和珅还出了一个主意，创建"议罪银"制度。就是说，大臣们如果犯罪了，可以给皇上交一笔钱，本来该流放十年的，流放两年。纪晓岚也用过这个制度，若是没这个制度，他恐怕就死在了边塞。和珅这个制度一出，所有大臣还没犯罪呢，就马上往皇上那儿存钱，等着将来犯罪的时候用。于是，和珅给皇上办了一个小金库，这金库的银子有多少，皇上也不知道。因为全是和珅管着。这些钱除了皇上花，就是他花。

其六，乾隆与和珅是儿女亲家。

乾隆的女儿十公主在十四岁时嫁给了和珅的儿子；和珅弟弟的女儿也是在十四岁时嫁给了乾隆的孙子。联姻关系也是乾隆不处置和珅的重要原因。后来，嘉庆皇帝在处理和珅时，也因为妹妹十公主的关系，改变了将和珅凌迟的决定，让他自尽。

有了这几点，乾隆能杀和珅吗？

可以说，和珅能控制朝政长达二十年，绝不是简单地能用"宠信"二字所能解释的。所以，在乾隆活着的时候，和珅不会被杀掉。然而，嘉庆一上台,列了和珅二十二大罪状,就将他给杀了,为什么呢?

首先,和珅贪了很多钱,有八亿两白银之巨。嘉庆一登基就将和珅处死,然后再抄家,所有钱都归国库了。当时,天下流传着这样一句话:和珅跌倒,嘉庆吃饱。

其次,这可能也是乾隆的想法。乾隆知道嘉庆没有什么能让大臣佩服的能力,所以就将和珅留给嘉庆,让他下手树立威信。

最后,和珅就是乾隆的一颗棋子,是乾隆用来平衡清官与贪官的势力。如果乾隆只是一味地重用纪晓岚、刘墉等人,那他这个皇帝当着还舒坦吗?必须有一人能牵制这些大臣,这个人就是和珅。

和珅能祸害大清王朝,除了他本身的原因,至少有一半是因为乾隆帝,其实,就是因为至高无上的皇权。

第三章

保国大将

鞭尸报仇——伍子胥

伍子胥，名员，字子胥，春秋时期的军事家。

伍子胥原是楚国人，他之所以到吴国，并不是像多数人那样为了施展自己的才能，而是遭人陷害，被迫逃到吴国。

伍子胥这么出名，从某个方面来说是因为他与历史上很多大名鼎鼎的人物有关系，比如孙武、范蠡、西施等。孙武被伍子胥推荐为吴国大将；范蠡、西施因为越国与伍子胥有很大的恩怨。

但是，他一生最引人注目的身份却是掘墓者。

他为什么会掘墓呢？当然并不是为了钱财，他挖开对方的陵墓，没有去找宝物，而是拿着鞭子对尸体进行发泄，整整抽了三百鞭子。

这个陵墓的主人是楚平王。在离开楚国前，伍子胥与楚平王结下了深深的仇恨。之后，伍子胥辅佐吴国成为诸侯一霸，同时为报仇雪恨，制造了中国历史上最有名的"辱尸"事件。

伍子胥出身贵族，祖父辈都是楚国的大夫。

当时，楚国太子建有两个老师，一个是伍子胥的父亲伍奢，另一个是费无忌。后来，宫中发生内斗，太子建与楚平王有了矛盾，成了反党，外逃。伍奢站在太子建一边，所以被楚平王囚禁起来。

之后，在费无忌的挑拨下，楚平王让伍奢写信将两个儿子叫来。伍奢知道楚平王想要斩草除根，但还是不得不写信，信中说"大王赦免了我的罪过，还要给你们加官封爵，快来吧"。

伍子胥看了父亲的信后，猜到了其中的意思，就目前局势，楚平王是不可能给他们加官封爵的，光饶恕他们就已经是让人出乎意料了。但是，伍子胥的父亲只有这样写才能给予他们警示。然而，哥哥伍尚却信以为真，两个人最后商议的结果是：伍尚去找父亲，伍子胥只身逃亡。最终，伍奢与伍尚被楚平王杀死。伍奢临死前说了句："楚国以后没有好日子了！老二会回来报仇的！"

伍子胥听说太子建在宋国，就准备去找他。可是，宋国也在发生内乱，于是伍子胥与太子建转奔郑国。郑国对他们很友好，然而太子建却恩将仇报，与晋国密谋，内外联合灭郑国，试图取而代之。事情很快就败露了，太子建被郑国诛杀。

伍子胥迫不得已又踏上了逃亡之路，准备去往吴国。要想进入吴国，必须要经过吴、楚两国的交界之地昭关。而昭关有重兵把守，想要过关比登天还难，据说伍子胥因此一夜白了头。也正是这样，伍子胥在他人的帮助下，乔装打扮越过昭关，成功抵达吴国。

到了吴国后，伍子胥身无分文，无亲无故，沦落为乞丐。伍子胥虽有大仇未报，但并没有一个人能将他推荐给吴国宫廷，怎么办呢？

伍子胥想，只有自荐了，于是他到吴国都城最繁华的地方去吹箫，边吹边唱小曲。

春秋战国时期的政治圈，就跟现代的娱乐圈一样，十分昌盛。现在的娱乐圈有星探，那个时候有才探。于是，伍子胥被吴国公子光的才探发现，从而见到了吴王。

之后，伍子胥被封为大夫，过上了安逸的生活。然而，伍子胥却想要报仇雪恨。

伍子胥知道公子光野心勃勃，想要杀掉父亲夺得王位，于是先放下私仇，等待机会助他登位。

五年后，楚平王死了，伍子胥大哭，因为他没能亲手杀掉自己的仇人。伍子胥再也等不下去了，他怕费无忌也活不到他报仇的那天了。于是，在他的鼓动下，吴王僚趁楚国办丧事之际，出兵进攻楚国。不料，吴军战败，被楚军切断后路，回不了国。此时，吴国内空，公子光马上命人刺杀了吴王僚，登上王位，成为吴王阖闾。

吴王阖闾登位后，伍子胥就帮助他处理国家大事，并为他推荐了很多人才，其中最有名的就是孙武。

后来，费无忌也死了，伍子胥痛苦万分，因为他连手刃仇人的机会都没有了！

公元前506年,吴王阖闾拜孙武为大将,伍子胥为副将,向楚国进攻。因为有孙武在,这一仗很快就打赢了,楚国都城沦陷,楚昭王逃走了。

伍子胥到处搜寻楚昭王,没有找到,心中的怨气再也按捺不住,于是挖开楚平王的陵墓,鞭打了三百下才住手。

此时,伍子胥终于完成了自己的报仇心愿。但是,也因如此,伍子胥背上了无德的骂名。

当然,对于"鞭尸"这一事情,也有人提出了否定的意见。据《吕氏春秋·首时》等史料记载,说伍子胥只是"鞭坟"而没有掘墓鞭尸。

也有人完全否定"鞭尸""鞭坟"之说,说伍子胥没有掘墓鞭尸,也没有鞭坟。其理由是,春秋最有权威的文献都没有记载此事,而且,当时是孔子在世的时代,儒家是最容不得这种事情的,而孔子只字未提,恐怕是子虚乌有。

真相到底是什么,我们无法得知。但如果事实就是伍子胥对楚平王掘墓鞭尸,这样的行为过分吗?

不过分! 看了伍子胥的人生结局就明白了。

吴国伐楚后,第一功劳归孙武。孙武不想做官,功成身退了。而伍子胥被封为相国,并帮助吴国成为春秋一霸。

公元前496年,吴王阖闾伐越失败,死在战场上,其子夫差继位。夫差誓为其父报仇,著名的吴越之争开始。在这出戏中,太宰伯嚭成了当年费无忌的角色,而伍子胥又扮演了他父亲当年的角色。

伍子胥执意劝谏夫差除去越王勾践,而伯嚭在夫差面前谗害伍子胥,再加上越王勾践做出吃粪便那样的下作之举,导致夫差与伍子胥的关系恶化。最终,夫差逼伍子胥自杀。

而且,吴王夫差还命人将伍子胥的尸体装进皮袋子中,投进江里。

有人说,伍子胥死在夫差手里,是因果报应,因为他为了私仇动用吴国的力量几乎灭了自己的祖国,是乱臣贼子。

伍子胥真的是乱臣贼子吗?

他是想尽忠而不能啊! 在楚国,楚平王听信谗言,要灭伍家;在吴国,吴王夫差听信谗言,逼其自刎。

再者,即使他率领吴军攻打楚国,是为了报仇,这么做过分吗?

为什么吴王夫差可以光明正大地为父报仇,而身为臣子的伍子胥就不能?君王报仇可以被称为替天行道,臣子报仇就是大逆不道?

伍子胥的故事,正是体现了中国古代的君臣关系。大臣在君王面前,根本就没有什么地位可言。大臣的政治经历只分"有用""无用"两个阶段。有用的时候,就拼命地宠信,没用的时候就立即除去。所以,"飞鸟尽,良弓藏;狡兔死,走狗烹"这句话才反反复复地被用,一直从夏商用到了明清!

可惜的是,伍子胥年事已高,性格刚直忠烈,否则他大可以像范蠡、孙武那样功成身退。

最后思考一下,伍子胥鞭尸的行为过分吗?不过分!如果鞭尸对象是一个普通人,他这样做当然是很不道德的。但对方是君王,是一个拥有大权,随便就置人于死地的人,他敢玩弄手中的重权,就应该承受得起沉重的惩罚!

兵家鼻祖——孙武

孙武,也就是孙子,齐国人,东方兵学的鼻祖,其著作《孙子兵法》,被后世誉为"兵家圣典"。

孙武的本姓是妫,他是春秋时期陈国公子陈完的后代。

陈国是春秋时的一个小国,始封之君是周武王的女婿妫满,他是舜的后代。周王朝建立后,封了数百个诸侯国,姜子牙被封到齐地,成立齐国。而妫满被封到陈,所建之国为陈国,妫满被称为陈胡公。

公元前672年,陈国发生内乱,陈宣公废嫡立庶,杀死太子御寇,另立太子。公子陈完是太子御寇的好友,他预感到自己有生命危险,所以离开陈国,逃到了齐国。到了齐国后,陈完改姓氏为田。后来,田氏成为齐国的大家族,因为在齐景公时立功,受封于乐安,并赐姓孙氏。所以,到了孙武这一代,孙氏就从田氏中分离出来。

春秋战国时期,诸侯之间经常发生战争,所以军事问题很受重视,因此也诞生了一批军事家。孙武就是其中之一,而且是世界级的大军事家。

孙武出身将门,他爷爷是个能征善战的将军。孙武,单名一个"武"字,也注定了他在军事上的成就。

孙武从小就对军事感兴趣,读了很多军事知识,并积极收罗战例,分析战役策略。这些都为他后来编写《孙子兵法》打下了坚实的基础。

公元前515年,孙武三十岁,齐国发生内乱,几大家族争权夺利不休,孙家被卷入其中,为了专心研究兵法,孙武带着家人一起逃到吴国,并因此结识了志趣相投的伍子胥。

在吴国隐居期间,孙武刻苦研究兵法,终于完成了《孙子兵法》,并寻找机会运用于实战。

后来，在好友伍子胥的推荐下，孙武成为吴国大将，因此才有机会将自己的理论用于实践。

实际上，孙武能被吴王阖闾重用，与这样一件事有着很大的关系。

当时，阖闾读了《孙子兵法》后，赞不绝口，便问孙武能否将这些理论用于实战。孙武说："可以。"吴王又问："这些方法适用于女人吗？"孙武说："可以。"于是，吴王从宫中挑选了一百八十人，交给孙武训练。

孙武将这些宫女分成两队，并挑选了吴王最宠爱的两个妃子当队长，让她俩站在两队队前。

孙武问："你们知道心、背、左右手的位置吗？"

众人齐声答："知道。"

孙武向队伍解释道："向前，就是看心所对的方向；向左，就是看左手方向；向右，就是看右手的方向；向后，就是看背的方向。你们明白了吗？"

女兵们大声笑道："明白！"

规矩讲明白后，孙武又宣布兵法，再三强调军队的纪律，违令者斩。

女兵们穿上军衣，只是觉得十分好玩，谁会认真听命令呢？果然，在孙武下达了向右转的命令后，女兵们不但没有向右转，反而哈哈大笑起来。

孙武说："规定不明确，指令不熟悉，这是将帅的罪过。"于是又反复解释说明。然后，又发出向左的命令。女兵们又大声哄笑。

孙武说："纪律已经讲明白了，大家也听懂了，但仍不听从命令，这是故意违反军令。队长带头违反，应军法处置。"于是下令斩杀两名队长。

吴王见孙武要斩两个爱妃，急忙请求说："没有她们，我饭都吃不下，不要杀她们。"孙武回绝道："臣受命为将，将在军，君命有所不受。"当即将两名妃子斩首。

随后，孙武又任命另外两个妃子为队长，继续演练。

这下，宫女们全都服从命令，而且严肃认真，合乎要求。孙武对吴王说："队伍已经训练整齐，这样的军队，即使让她们到水里火里也不会抗命了。"

吴王失去两个宠妃虽然很不高兴，但是看到孙武确实是个人才，便抛下斩妃之恨，重用孙武为将军。

孙武自小对战争耳濡目染，深刻地领悟到战争的残酷性。这也是他一出道练兵就杀掉吴王两位爱妃的原因。一个将军要想带兵，必须能控制住军队，这是打胜仗的基础。

当然，最狠毒的将军，其实并不是动不动就斩杀士兵的将军，而是待兵如兄弟手足的所谓的好将军。

之后，吴国军队在孙武的训练下，实力突飞猛涨。公元前506年，吴楚大战中，孙武率领吴军五战五捷，大败楚国，并创下了以三万人快速取胜二十万人的光辉战例。之后，吴国在诸侯列国中威名远扬。

公元前484年，孙武辅佐吴王夫差（阖闾的儿子）战胜齐国。两年后，吴国取代晋国成为霸主。

此后，孙武的经历就突然没了记载，他之后的人生也一直是个谜。一种说法是，伍子胥的死，让他体会到"飞鸟尽，良弓藏，狡兔死，走狗烹"的道理，于是退隐山林，完善兵书。另一种说法是，他返回齐国，在家乡隐居授徒。无论是哪种说法，都体现了孙武急流勇退的智慧。

孙武留给后世最大的贡献，是他所撰写的不朽著作《孙子兵法》。这本书虽只有五千多字，但是这几千字却包含着非常丰富的思想内容，对世界军事的发展产生了深远的影响。

历代军事家无不从《孙子兵法》中汲取营养，用于指导实际战争。三国时期著名人物曹操就是第一个为《孙子兵法》注释的军事家。

《孙子兵法》不仅在中国影响深远，在世界上也久负盛名。一位国外的读者曾评论说："如果一个人一生只能读一本书，那就应该是《孙子兵法》。"

《孙子兵法》中，最伟大的思想有以下三点：

其一，"上兵伐谋，其次伐交，其次伐兵，其下攻城"。意思是，上等的军事思想是用谋略击退敌人，其次是用外交防住敌人，再次是用武力击败敌人，最后是去攻打敌人的城池。

孙武这句话的核心思想是：国家之间，交往的手段有两个：军事与外交。而这两者又都服从政治。

"不战而屈人之兵"是孙子所认为的最高超的战争艺术。不战，本质上就是通过谋略、外交等手段来实现战争的目的。这种战略思想，历来是用兵者梦寐以求的理想境界。

其二，"兵者，国之大事也。死生之地，存亡之道，不可不察也。"意思是,战争是国家大事,关乎国家的生死存亡,一定要在战前充分考察有多少把握能战胜,不打无准备之战。

孙武认为,考察的内容在于五个方面,"一曰道,二曰天,三曰地,四曰将,五曰法",也就是道义、天时、地利、将帅、制度。

其三,"兵者,诡道也。"也就是说,兵不厌诈,孙武用最简单的几个字高度概括了战争的实质。

孙武认为,在战争中,一切阴谋诡计都可以使用,而且,就怕你用得不够多,不够深!

明末儒将茅元仪说:"前孙子者,孙子不遗;后孙子者,不能遗孙子。"意思是说,《孙子兵法》总结前人的经验,无所不包;既然无所不包,那后人的用兵之道,也就都包括在《孙子兵法》中。

《孙子兵法》无所不包,使其成为兵家圣典。"兵者,诡道也",用兵要千变万化,出其不意,纵观古今中外,能够在战场上捕捉到必胜的战机者,无不遵循此道,不得不说,孙武无愧于"兵家鼻祖"的称号。

以弱胜强——乐毅

乐毅,子姓,乐氏,字永霸,战国军事家。

诸葛亮曾以"管、乐"自许,其中"管"是指管仲,而"乐"就是乐毅。

乐毅与孙武一样都出身于名将之门,他的祖先是战国初期魏国名将乐羊。乐羊曾率领魏国大军吞并中山国(战国时期的一个由狄人建立的诸侯国),因此受封于灵寿。之后,灵寿被纳入赵国,所以乐家就成了赵国的子民。

战国时期,战争频繁,各诸侯为了能够在激烈的战争中占据优势、称霸天下,纷纷招揽人才,同时也积极利用外交手段。在这种情况下,就出现了"邦无定交、士无定主"的局面。有才能的人都不受国籍束缚,可以自由选择明君,以求在战争的舞台上施展身手。

乐毅文武双全,赵武灵王时,被赵国任用为官。后来,赵国发生内斗,武灵王去世,局势动荡,乐毅见在赵国难以施展自己的抱负,于是投奔魏国。

不久后,乐毅的人生遇到了巨大的转折点。

乐毅奉命出使燕国,遇到了一代明主燕昭王。燕昭王十分欣赏乐毅的才华,乐毅也十分敬重燕昭王礼贤下士的风度。两人一拍即合,乐毅果断放弃了魏国的丰厚待遇,留在了燕国,主持军国大事,辅佐燕昭王实现振兴燕国的愿望。

燕昭王有一个心愿,就是攻伐齐国,报仇雪恨。

燕国与齐国为何会产生矛盾呢?

公元前 318 年,燕国因王位继承问题发生内乱,齐国趁机出兵攻燕,在当地肆无忌惮地烧杀抢掠,最终激起燕国百姓的强烈反抗,由于其他诸侯国给齐国施加压力,齐军不得不撤离燕国。因为此事,齐、燕两国结下了仇恨，一旦矛盾激化，战争必将爆发。

然而燕国与齐国实力悬殊。战国时的齐国十分强大，到齐湣王时，齐国国力到达顶峰，称霸诸侯。相比之下，燕国是一个相当弱小的国家。

为了尽快使燕国强大起来，乐毅到燕国后，一边训练军队，一边辅佐燕昭王进行改革。经过二十年的努力，燕国军队实力强大，国库充盈，为战争打下了坚实的基础。

公元前284年，齐湣王引起各诸侯国的不满，乐毅见攻齐时机成熟，便同楚、韩、魏、赵四国联合攻打齐国，史称五国伐齐之役。当时乐毅的军事才能得到了淋漓尽致的发挥。他统领全局，综合分析敌我情况，制定作战方针，并根据战争变化，随时调整战术。

乐毅深知取得初战胜利的意义，于是先发制人，在济西之战中给敌人以出其不意的攻击，一举击溃齐军的主力。

济西之战取得胜利后，乐毅鉴于当时齐军主力丧失的形势，果断地遣返楚、韩、魏、赵四国的军队，以免诸国继续分享伐齐的果实。

之后，他针对齐军败仗后的恐惧心理，指挥燕军长驱直入。由于他抓住了战争的有利时机，最终连攻七十余城，最后将齐军围困在莒城和即墨两座城池中。

此时，齐国已经濒临亡国，燕军的目标已经超额实现了。这也是燕国建立以来前所未有的胜利。

乐毅率领燕军，以弱胜强，立下了显赫的战功，因此被封为昌国君。

然而，在燕国上下高奏凯歌时，乐毅却十分冷静，因为只有他知道，燕国离最后的胜利其实还有很远的一段距离。

因为还剩下最后两个城池：莒城和即墨。

此二城，乐毅持续打了一年仍未攻破。为什么呢？

首先，莒城集聚了齐国溃逃的爱国之士，民愤极大，同时即墨是齐国商人与士族的汇聚地，守城人数十万有余，兵器甚多，城高池深。

其次，齐国已经陷入绝境，所谓置之死地而后生，军民们都抱着死战的决心，所以久攻不下。

最后，乐毅意识到人心向背在战争中起着决定性的作用。

齐国虽然已经陷入巨大的困境，但它毕竟是一个强国。齐国子民内心仍然是向着齐国的。一旦大举进攻城池，齐国军民必定死拼，这必将是一场血战，必定两败俱伤。

而且，燕军久攻不下，一旦入城，急眼的士兵必然屠城，那么燕国将犯下滔天的罪行。

屠城一旦发生，齐国各地民众必将揭竿起义，给燕国带来更大的麻烦，万一其他国家趁机出兵，燕国可能发生灭国之灾。

在这种形势下，乐毅果断地改变了策略，对莒城、即墨二城围而不攻。他下令军队到城池九里开外扎营，并下令说："城中的百姓如果出来，不准抓捕，如果生活穷困就给予救济，帮助他们就业。"

同时，乐毅对已经占领的齐国地区实行减税政策，废苛政，尊重当地风俗，并保护齐国原有的文化。

乐毅的眼光十分长远，他知道灭国之战，要以收服人心为先，攻城为次。

他想要帮助燕国统一天下，但也不想为了燕国的强大而损失道义。一连攻下七十余城是为了显示他的谋略，天下为之一震；围攻莒城、即墨二城而不伤百姓，是为了让天下人知道燕国的仁义。乐毅是想通过这种方法来赢得齐国百姓的归顺，正所谓"不战而屈人之兵"。这样一来，燕国的统一大业就指日可待了。

就这样，乐毅留在齐国围困莒城和即墨，等待有利时机，一并将莒城、即墨二城收复。

然而，情况发生了意外变化。燕昭王去世，其子燕惠王继位。而齐国在兵败之后起用了有军事才能的田单。田单知道燕惠王与乐毅不和，于是就散布谣言说："齐国两座城池之所以久攻不下，是因为乐毅想留在齐国称王。"

燕惠王本来就不信任乐毅，听了谣言，马上就派骑劫代替乐毅，并将乐毅召回。乐毅被解除兵权，功亏一篑，他知道燕惠王心存不善，于是逃回赵国。

骑劫到齐国后，一改乐毅收服民心的策略，猛烈进攻莒城、即墨二城，最终激起了齐国军民的强烈反抗。这样一来，战争局势马上反转，燕军上下离心，士气大退，屡战屡败，齐军乘胜追击，将失去的七十余城全部收复。

燕军惨败后，燕惠王后悔撤换掉乐毅，同时又害怕赵国用乐毅攻打燕国，于是写信劝乐毅返回燕国。信中，燕惠王虽然承认自己听信谣言，却又斥责乐毅对不起先王的知遇之恩。乐毅回信驳斥了燕惠王对自己的责难，并表达了自己对燕昭王的一片忠心，这就是历史上著名的《报燕惠王书》。

　　乐毅在《报燕惠王书》中还表达了对国君用人思想上的意见，他与燕昭王所建立的君臣友谊，为后世所向往，这或许正是诸葛亮自比乐毅的一个原因吧。诸葛亮写的《出师表》，从某个角度来说，就是在向乐毅致敬，其连称先帝十三次，而《报燕惠王书》称先王十五次，其中浓情厚谊，令人动容。

　　虽然乐毅受到不公，但并没有因个人恩怨而说赵伐燕，以报私仇，仍常来往于燕、赵之间，使两国保持着良好的关系。

减灶灭敌——孙膑

孙膑，齐国人，孙武的后代，本名不详，因受过膑刑，所以被叫作孙膑。著有《孙膑兵法》，也称《齐孙子》。

孙膑与庞涓都是鬼谷子的学生，同学兵法，后来，庞涓成为魏国的将军。

然而，当了将军的庞涓却提心吊胆，他知道自己的才能远不及孙膑。倘若孙膑来到魏国，他的地位将不保；倘若孙膑投奔他国，又难免战场相遇，一旦相争，恐不能敌。庞涓想，只有一个办法可以让自己没有后顾之忧：除掉孙膑！

于是，庞涓将孙膑骗到了魏国，并设计陷害孙膑，不仅在他脸上刺字，还对他施了膑刑。

"天将降大任于是人也，必先苦其心志，劳其筋骨。"孙膑用残缺的身体，历练出了一颗坚强的心，他发誓要活得更有价值。

孙膑受刑后，被庞涓的人时刻监视着。为了逃离虎口，孙膑想了一个法子：装疯卖傻。他一会儿哭，一会儿笑，有人给他送吃的，他将饭全部撒掉。庞涓见孙膑这样，不太相信，便派人将他扔到猪圈中，并派人暗中监视。孙膑披头散发地躺在猪圈里，全身沾满了猪粪，甚至还将猪粪塞进嘴里吃起来。至此，庞涓相信孙膑是真的疯了，就不怎么管他了。

不久后，齐国使者来到魏国，孙膑想方设法见到齐国使者，并述说了自己的遭遇。齐国使者知道孙膑是个人才，而且十分同情他的遭遇，于是在回国时，秘密地将他带到齐国，并将他推荐给了齐国大将田忌。

孙膑初到田府，并没有受到重用，原因很简单，因为孙膑还没有机会展示自己的才能。

大家都知道"田忌赛马"的故事。从这件事情上，田忌领略到了孙膑过人的军事智谋，并将他推荐给了齐威王。

齐威王拜孙膑为军师，让他为田忌出谋划策。

而此时，正是齐魏争霸的年代。庞涓如何也想不到自己这一生注定是要与孙膑交战的！

孙膑对付庞涓最经典的一计是添兵减灶，而且也正是用此计灭掉了庞涓。

公元前342年，庞涓率领十万魏军进攻韩国。小小的韩国哪能抵挡得住魏军的攻击，情急之下，急忙向齐国求救。

为何韩国向齐国求救呢？有两个原因：一是，齐国能与魏国抗衡；二是，十三年前，齐国曾在孙膑的指导下"围魏救赵"。

齐国与魏国向来为敌，而且韩国沦陷对齐国也十分不利，于是决定援助韩国。

然而，援助也有援助的策略，两方交战，善于利用时机才能取得胜利。齐威王召集群臣来商量，有人认为最好是要早救，否则韩国可能降魏国。而孙膑认为，最好先答应韩国的求救，韩国知道齐国出兵救它，就会全力抗击魏军，而魏军奋力进攻后，战斗力也会大大降低，这个时候，齐国出兵，必定稳操胜券，大败魏军。齐威王对孙膑的策略十分赞成，立即采纳。

魏韩两军交战一年后，双方力量已经大大削弱，齐军出兵的时机到了。孙膑作为军师与田忌一起率军出战。于是，孙膑得以与老对手庞涓一较高下。

孙膑知道庞涓是一个骄傲自大的人，就准备利用他的这个缺点来攻击他。

首先，孙膑还是采用"围魏救赵"的方法，率兵进攻魏国都城大梁。

此时，魏国在攻打韩国的都城，正处于胜败的关键时刻，一旦撤兵则会前功尽弃。但是，孙膑知道庞涓一定会回兵与自己交战的。

果然，庞涓听说齐军进攻大梁而且孙膑也来了，想也不想就撤兵回国了。庞涓回国后，齐军已经入境五天了。庞涓火冒三丈，下令紧急追赶。

拯救韩国的任务解决了。而齐军已经深入魏国，前后都有魏军，形势对齐军不利。

孙膑对田忌说："魏军一向轻敌，认为我们齐军贪生怕死，如果我们能够利用他们这种心理，就一定能取胜。军队需要劳逸结合，长途奔波，乃是兵家之大忌。我们可以装作胆小的样子，诱敌深入，第一天可以造十万口灶，第二天则减为五万口灶，第三天再减少为三万口灶。这样一来敌军一定拼命追赶，而速度太快只会事倍功半，劳将伤兵。"

田忌采纳了孙膑的这一策略。魏军日夜兼程回到魏国后，想要与齐军一决雌雄，齐军却不肯交战，迅速后退。庞涓率领军队紧追不放，他看到齐军的灶火日益减少，十分高兴地说："我就知道齐军是一群胆小鬼！"于是，他留下步兵与粮草，率领骑兵加紧追赶。

孙膑得知庞涓率轻骑追击的消息后，对众将领说："庞涓的末日到了！"

当时，齐军到达了一个叫马陵道的地方。此道位于两座高山之间，地势险要，中间的路又窄又陡，是一个伏击的好战场。

孙膑下令，将小路堵住，并在路旁的一棵大树上写道："庞涓死于此树之下！"并命令一万名弓箭手埋伏在道路两旁的树林中，吩咐他们一见到火光，就万箭齐发。

到了夜里，庞涓率领着骑兵到了马陵道。他发现前方道路上堆了很多树木，将路堵死了。庞涓高兴地说："齐军是怕我们追上，所以才这样做，下马挪树！"

树挪完了，魏军们累得半死，刚要通过，隐约发现前方有一棵大树上有字，庞涓让士兵点火来看。当他看清树上那几个大字时，大呼一声："不好！中计！"转身就要逃走，就在此时，两边山上，齐军万箭齐发，魏军人喊马嘶，死伤惨重，最终全军覆灭。庞涓知道战局已定，自己逃不走了，于是拔剑自刎。

经过这一战，孙膑一举成名。

孙膑后来将其作战经验总结成书，对后世的军事战争起到了深远的影响。

诸葛亮在对付司马懿时就采用过"添灶减兵"的策略，从而使蜀军安然撤退。虽然，两者的方法截然相反，但是道理却是一样的。他们都非常了解对手的心理，所以能够制造假象瞒住敌人。

诸葛亮与司马懿多次交锋，知道司马懿心机很重，会天天派人查看灶数。司马懿有谋有略，对孙膑的"添兵减灶"也是知道的。所以，诸葛亮就反用兵书，出其不意，使敌军陷入迷雾之中，从而神不知鬼不觉地使军队成功撤离。

战国名将——李牧

李牧,嬴姓,李氏,赵国军事家,与白起、王翦、廉颇并称为"战国四大名将"。他出生在赵武灵王时期,当时赵国最大的事就是穿胡服、学骑射。

赵国与匈奴游牧部落接壤,经常受到匈奴的侵扰。当时,汉人身穿宽袍大袖,袖子长到膝盖,袍子拖地盖脚,行动起来十分不便。而且,赵军的盔甲也十分笨重,不方便骑马。所以,赵军往往还没反应过来,来去匆匆的匈奴骑兵就带着掠夺的财物,飞奔而去。

于是,赵武灵王大刀阔斧进行改革,下令实行"胡服骑射",并带头穿胡服,练骑射。

赵国的崛起,正是得益于赵武灵王的"胡服骑射"之策。但是,赵武灵王在晚年犯了错误,结果害死了自己,也让赵国国力受损,这就是历史上著名的"沙丘之乱"。

李牧就生在这样的一个时代,他一生中最大的功劳就是在北部抵抗匈奴,正如司马迁所说的那样:"李牧者,赵之北边良将也"。

虽然,赵武灵王时已经修建了长城,也就是赵长城,以阻止匈奴的进犯,但是城墙毕竟是死的,而匈奴骑着战马,见空子就钻,防不胜防。在这种情况下,赵孝成王派李牧前往北边抵抗匈奴。

李牧到达北方边境后,根据军队需要,将当地的税收都用于军队开销。兵马未动,粮草先行,李牧亲自抓后勤,每天都要杀牛宰羊犒劳将士,补充力量。

军资有了保障,还得有军策。李牧加强守卫,派出大量情报兵,潜入敌境,搜集情报信息。

除此之外,李牧还根据实战情况训练军队的战斗力,有效地打击了匈奴的侵扰,并因此赢得了当地人民的拥戴。

由于措施得当,李牧很快就造就了一支英勇善战的精兵。大家可能会想,这支精兵一定打了很多胜仗吧?

然而并没有!

每次匈奴袭击,李牧从不积极迎战,而且他还下令消极避战。

在一次交战中,他下令道:"匈奴人一来,我们就立刻撤进城堡防守。谁都不许出去杀敌立功,违令者杀无赦!"于是,一看到匈奴来了,李牧就带头躲进堡垒,坚守不出。自己不出去打,也不让其他人打。其实,这是心理战术。时间久了,匈奴们都不把赵军看在眼里,还认为他们胆小怯战。自从李牧守边后,赵国就没有过人员伤亡与财物损失。

然而,即使是这样,有人还是在赵孝成王面前进了谗言。赵孝成王听了火冒三丈,整天杀牛宰羊,还这样无所作为,养他们有何用? 他这样生气也是情有可原的,当时长平之战刚刚结束,赵国损失惨重,实力大不如前,国力实在不允许他养一群白吃饭的军队。于是,他马上斥责李牧不该畏敌怯战,并命令他采取措施,打击匈奴。

赵孝成王的命令是传到了,但李牧呢,"将在外,君命有所不受",他一如从前,无动于衷。

赵孝成王大怒,下令撤去李牧的兵权,并派人去接替他。新去的将军知道李牧因何失职,所以一到前线,就积极采取行动,每当匈奴进犯时,他便率领军队与匈奴正面交锋。不料,打了几仗,输了几仗。不仅人员伤亡惨重,弄得当地百姓也无法耕种放牧。

赵孝成王意识到自己错了,马上请李牧回来。可是,派人请了好几次,李牧都以身体有恙为由回绝了。最后,赵孝成王强令李牧出征。李牧便立刻提出了条件:"如果您要用我,就得允许我跟以前一样。"

赵孝成王听了一句话没说就准了! 李牧回到前线,还是按照以前的方法,以守为主,从不主动出击。

将帅贪功是国家之大祸! 大家都知道,"进攻是最好的防守",却往往忘了其前提条件,就是在最佳时机进攻。而李牧就是少有的明白这个道理的人。他一直在寻找这个最佳的时机!

终于,机会来了。李牧手下有战车千余辆,骑兵万余名,步兵五万名,射手十万名。他每天都让这些兵联合作战演习,就等着能够协同作战的这一天。

而将士们天天大鱼大肉,养精蓄锐,也等着为国效力!

他安排百姓出去放牧,以诱敌出。匈奴那边得到消息后,立刻率领人马,准备前来掠夺。这时,李牧派出一小支军队迎敌,两军刚一交战,赵军就佯装战败逃离,将百姓和牲畜留给了匈奴。匈奴首领得到这个消息后大喜,于是,他立即派大军大势进攻。李牧见匈奴中计后,立即在匈奴进军的道路两旁设下伏兵,等着匈奴大军的到来。

匈奴大军一到,李牧率军采取守势,使对方轻敌,并消耗其战斗力。等敌军疲惫之后,李牧派出战车、步兵、弓箭手强力进攻。匈奴骑兵经过顽强的抗击,最终也抵挡不住来势汹汹的赵军,只好撤离。就在这时,埋伏在匈奴后方的赵军冲了出来,将匈奴团团围住。

一时间,杀声震天,刀光剑影,匈奴最终败下阵来。

李牧维护了北部边境的安定,使得赵国可以无后顾之忧地专心对付秦国的吞并战争。事实上,蔺相如、廉颇在政治军事上所取得的每一个胜利,都有李牧的协作支持。

之后,李牧率领赵军击溃了秦军,使得秦国暂时放弃了对赵国的进攻,转而攻打相对弱小的韩国。

李牧为赵国争取了存活的时间,然而,赵王并没有好好把握这个机会。当秦国消灭韩国后,秦军又开始对赵国实行猛攻策略。李牧顽强地抵抗住了前方的秦军,却没有防备住赵国内部的腐朽政治。

秦国知道只要李牧在,赵国就难以攻下,于是重金贿赂赵王宠臣郭开,让他在赵王面前散布李牧想要谋反的谣言。赵王居然相信了,并设计斩杀了李牧。三个月后,赵国灭亡了。

胡三省在《资治通鉴音注》中说:"赵之所侍者李牧,而卒杀之,以速其亡。"李牧被害,使得赵国自断其力,迅速地灭亡了。

如果李牧不死的话,秦国恐怕还要与赵国分争天下!

多多益善——韩信

韩信,西汉开国名将,汉初三杰之一。

关于韩信一生的成败,有两个词语可以概括:一个是"韩信点兵,多多益善";另一个是"成也萧何,败也萧何"。

韩信从小就失去了父母,主要靠钓鱼来维持生活,经常遭受他人的侮辱与排挤。其中最有名的莫过于"胯下之辱"。

当时,一个屠夫当街羞辱韩信说:"别看你长得又高又大,还喜欢带刀剑,其实就是个胆小鬼,有本事你用剑来刺我! 如果不敢,就从我的胯下爬过去。"

于是,韩信当着众人的面,毫不犹豫地从屠夫的胯下爬了过去,周围的人都嘲笑他。韩信当然不是胆小,而是识时务的睿智!

正是拥有不凡的头脑,韩信才被萧何注意,并有了"月下追韩信"的故事。韩信刚投奔刘邦时,并未被重用,后来,韩信与萧何畅谈数次,韩信估计萧何会向刘邦推荐自己,但是却久久不被刘邦重用,于是半夜离开汉营,准备另寻明主。萧何知道后,来不及向刘邦请示,便去追韩信,最终将韩信留下。这是韩信之"成也萧何"。

随后,韩信被封为大将,也就是汉军的"总司令"。从此,韩信开始向天下人展示他出色的用兵才能!

一次,刘邦问韩信:"你认为我可以带多少兵?"

韩信回答:"最多十万。"

刘邦略有不爽:"那你呢?"

韩信笑道:"越多越好,多多益善!"

刘邦露出复杂的笑容,说:"那我肯定是打不过你了?"

韩信说："不，主公您是管将军的人，而不是管士兵的，而将军是专门管士兵的。"

韩信自言用兵"多多益善"，而他也用事实证明了自己的话。他熟谙兵法，为后世留下了很多军事战例，更为汉朝的建立立下了汗马功劳。比如，明修栈道、暗度陈仓，背水为营，半渡而击，十面埋伏等都是韩信所采用的军事策略。其中，韩信用"十面埋伏"之策，逼得项羽在乌江自刎而死，使得刘邦除掉了他人生中最大的敌人，从而建立汉朝。

韩信与萧何、张良并称为"汉初三杰"。刘邦称帝后曾说："夫运筹帷幄之中，决胜千里之外，吾不如子房；镇国家，抚百姓，给馈饷，不绝粮道，吾不如萧何；连百万之军，战必胜，攻必取，吾不如韩信。"

然而，鸟尽弓藏，兔死狗烹，韩信是西汉的第一功臣，也是西汉第一个被杀的功臣。

刘邦称帝后，就犯了疑心病，尤其是功高盖主的韩信成了他的一块心病。所以，项羽一死，刘邦就撤了韩信的兵权。

韩信被刘邦誉为"汉初三杰"，没有了兵权，这样也算是个完美的结局。但是，韩信犯了糊涂，收留了原来项羽的部下钟离眜。被人抓住把柄后，刘邦以谋反罪名将韩信逮捕。韩信被抓时，仰天长叹："飞鸟尽，良弓藏；狡兔死，走狗烹……天下已定，到我死的时候了！"然而，刘邦此时没有杀他，只是把他贬为淮阴侯。

开国第一功臣被贬！韩信自觉脸面丧尽，经常找借口不上朝，还看不起其他同僚。韩信会变成这样是因为刘邦的怀疑让他受到了侮辱，君臣猜疑，作为臣子的，没有几个人能有好下场！韩信性格本就刚烈，谋反之心被刘邦逼了出来！

但即使是这样，刘邦也对韩信多次手下留情！那么，韩信究竟为何被杀呢？

汉高祖十一年时，陈豨造反，自称"代王"，代就是现在的河北境内。他当时有很多兵马，而且手下有很多精英。

得知陈豨造反后，刘邦勃然大怒，亲自出征。在这期间，韩信写信给陈豨说："你尽管起兵，我在京城里和你应和。"韩信也做好了计划：先将监狱里的犯人放出去，让他们去攻打皇宫，然后谎称将吕后抓起来杀了。刘邦出征后,吕后独自留守京城。

然而,这件事情被人告发了。当时,韩信的一个手下犯了错误,被韩信关了起来,不久将被处死。这个人的弟弟知道韩信要造反后,就向吕后报信。

吕后知道后十分慌乱,马上把萧何叫来出谋划策。萧何想了一个点子:他亲自去找韩信,说皇上凯旋,召群臣共贺,诱韩信入宫。

那个时候的通信不像现在这样发达,前方战事如何,韩信无法得知,经萧何这么一说,他便信了。但是,韩信称病不去,因为他之前就一直称病不上朝,现在去就露馅了!萧何于是劝道:"即使有病还是去一次吧,这是大事,大家都去祝贺了,你不去不好!"韩信实在拗不过,就去了长乐宫。

当时汉朝主要有两个宫殿,一个是未央宫,皇上住在里面;另一个是长乐宫,皇后住在里面。当时吕后在主政,所以就让韩信去了长乐宫。韩信一到,很多埋伏好的兵将就冲了出来,立刻就将韩信制服了。

而吕后呢,没向刘邦请示,当机立断就将韩信给杀了,并诛其三族。

一个为汉朝立下了汗马功劳的韩信就这样被吕后处死了。而为吕后出主意的人就是萧何,这就是"败也萧何"!

临死前,韩信说了这么一句话:"吾悔不用蒯通之计,乃为尔女子所诈,岂非天哉!"意思是,我后悔没有听蒯通的话,所以才落到今天这个地步,被小女子所骗,这就是天意吧!

蒯通是当时的一个辩士,游走于贵族之间,给人出谋划策。在楚汉之争时,韩信攻下齐国之后,强迫刘邦封自己为齐王,因此有了能与刘邦、项羽抗衡的一种力量。

这对韩信来说,是最好的造反机会。当时,刘邦与项羽都不敢得罪韩信。因为他偏向谁,谁就能取胜!蒯通是当时韩信身边的谋士,他劝韩信说:"您现在到了一个关键时刻,一定要做出正确的选择。刘邦的野心是很大的,他要兼并天下,之所以重用你,是因为他要用你来对付项羽,一旦项羽死了,下一个就轮到您了!"他的意思是,你不要帮刘邦,最好是能自立为王,三分天下,鼎足而立。

这可是一个千载难逢的好机会啊!机不可失,失不再来!如果韩信采纳了蒯通的建议,中国的历史也许就要改写了。

韩信并没有采纳，他对蒯通说："乘人之车者载人之患，衣人之衣者怀人之忧，食人之食者死人之事。"意思是，我坐了人家的车子，就应该背负人家的患难，穿了人家的衣服，就该将人家的忧虑当成自己的忧虑，吃了人家的东西，就要用生命去报答。

韩信为何能这样对刘邦感恩戴德，不肯背叛呢？

一个人的人生经历是可以影响一个人的性格与思想的，尤其是少年时期的经历，会对他的一生造成重大的影响。

韩信不背叛刘邦，与他少年时的遭遇有很大的关系。韩信早年生活悲惨，没饭吃没衣服穿，过着挨饿受冻的日子，而刘邦对他有知遇之恩，给他饭吃，让他有衣服可穿，还让他当大将军，所以他是不能背叛的！

然而，世界上没有永恒的友谊，尤其是君臣之间，都只是权力的关系。其实，韩信是否想要造反并不重要，重要的是皇帝害怕他造反！

或许，韩信应该学张良那样隐退修道，像萧何那样自污免祸，但是他没有，因为这才是真实的他！

龙城飞将——李广

李广,西汉名将,人称"飞将军"。这个美名,其实是匈奴对他的敬畏之称。

李广打起仗来,骑马就像飞一样,箭射得也十分准。汉文帝时,李广就开始从军抗击匈奴,并多次随文帝狩猎,格杀猛兽。

据说,他夜里发现一只老虎,一箭就将老虎击毙了,天亮之后才发现,原来是一块石头。力道之猛居然可以穿石!

汉文帝曾感叹道:"惜乎,子不遇时!如令子当高帝时,万户侯岂足道哉?"他感叹李广生不逢时,如果生在汉高祖刘邦那个时候,封个万户侯也不算什么!

当时,李广年轻力壮,胸怀大志,还怕没有机会?

终于,他第一次被封赏的机会来了!

汉景帝登基后,"七国之乱"爆发。当时,七个被封王的刘姓宗室诸侯因为不满朝廷削减他们的权力,所以发动叛乱。李广与周亚夫一同前往平反,作战勇猛,立下大功。

然而,平定叛乱后,他没有得到封赏。

之后,李广被派到北部边疆做太守,多次与匈奴交战。

一次,李广带着一百个骑兵追击三个匈奴兵,追了很久才追上,他射死了两个,活捉了一个。不料,他中了敌人的计!忽然,前面冒出几千个匈奴兵,怎么办?李广镇定地说:"我们现在离大部队几十里地,撤不回去,干脆下马,将马鞍也卸下来,躺到地上休息吧!匈奴看到我们这样,以为我们是要引诱他们,所以不敢轻易打咱们!"于是,李广他们躺下休息。匈奴果然不敢贸然出击,采取防守策略,让士兵埋伏于山上。

过了很久,匈奴军按捺不住,派了一个人骑着马冲了下来,李广立刻上马冲过去,只用了一箭就将那人射死了。匈奴更加害怕,确定有埋伏,于是提心吊胆地窝在山上。到了半夜,匈奴兵士趁着天黑偷偷地撤退了。天亮之后,李广看山上没了伏兵,就带着部下回营了。

李广箭法准,骑如飞,忽来忽去,因此,匈奴就给他起了这个"飞将军"的外号。

匈奴单于(匈奴君主的称号)知道李广的厉害后,准备活捉李广。

这次,匈奴将大部分的兵马用来做埋伏,让小部队佯装打了败仗逃跑。李广打了胜仗,乘胜追击,他哪知道前边有伏兵,于是掉进陷阱,被匈奴活捉了。匈奴兵大喜之际,发现李广快死了,怎么办?要活捉李广,于是他们用绳子弄了一个吊床,将李广放在吊床上,用两匹马驮着送回大营。途中,李广躺在吊床上,纹丝不动,就像个死人。走了很久后,他瞄见旁边一个匈奴兵骑着一匹好马,于是猛地一跃,跳上那匹好马,夺过弓箭,将匈奴兵推了下去,掉转马头飞奔而去。

匈奴兵狂追一阵,最后只能眼睁睁地看着李广越跑越远。

李广吃了败仗,返回朝廷后被贬为庶民。公元前 128 年匈奴兵又进犯边疆。汉武帝请李广回来,派他去右北平军中做太守。

右北平那边的匈奴兵一听李广来了,马上就逃到别处去了。

然而,朝廷是要实实在在的战功的,李广两手空回,又没有被封侯。

公元前 121 年,李广率兵四千与张骞共同抗击匈奴。张骞进军缓慢,导致李广被四万匈奴军团团包围。在这种情况下,李广英勇抗敌,拼死作战,最后等到了张骞的到来,得以解围。然而,李广军损失惨重,没有得到封赏。

公元前 119 年,汉武帝派卫青、霍去病与匈奴展开决战,史称"漠北决战"。当时,李广已经六十岁了,抗击匈奴整整四十七年,他很想抓住这个机会为朝廷立功。对于即将退休的老将军来说,立功是对他一生最大的肯定。汉武帝觉得李广老了,不让他去,但是在李广的多次请求下,汉武帝终于任命他为前将军,随大将军卫青一起出兵。

李广作为前将军,要打先锋,有机会击败老对手单于,他十分兴奋。然而,令他意想不到的是,卫青命令他率部队与赵食其从难以行进的东路合围单于,而后将先锋任务交给了中将军公孙敖。

李广请求卫青说:"我奉命为前将军,现在大将军却令我改从东路围攻,实为不妥。而且,我与匈奴作战几十年,到今天才有一次与单于交锋的机会,我愿意做前锋,与他决一死战。"然而,汉武帝在出发前曾警告卫青说,李广年老,命数又不佳,不要让他与单于对敌。所以,卫青没有答应李广。李广愤然率兵与赵食其合兵从东路出发。

因为军队没有引路的,李广军迷了路,结果落在卫青军之后,错过了围攻单于的机会,单于逃跑了。卫青军毫无收获,只好回军。

回军后,卫青要上书报告军情,于是派人询问李广迷路的情况,李广没有回答。卫青又派人责问,李广悲愤地对他的部下说:"我自从军以来,与匈奴打过大小七十余仗,如今有幸与大将军出征,可是大将军却调我去走迂回的远道,偏偏又迷路,难道这不是天意吗?我如今都六十多岁了,也用不着上公堂了!"说完,李广就拔剑自刎了。

一代名将就此终结了自己的一生。所有将士都悲痛不已,百姓们听到这个消息后,也都为李广落泪。

汉武帝既然不相信他,为何最初还要任命他为前将军?希望越大,失望就越大!可悲可叹!

李广一生抗击匈奴四十余年,亲历大小战争七十多次,在汉景帝时还平定了"七国之乱"。但勇猛善战的他,却始终没有封侯得爵。而他的手下,有不少升官封爵。

唐朝诗人王勃也在《滕王阁序》中感叹道:"冯唐易老,李广难封。"冯唐是汉文帝时的郎官,汉武帝继位后,才被百官举荐,可冯唐当时已经近百岁,当不了官了。冯唐是时运不济,怀才不遇,那么,李广无缘军功,究竟是为什么呢?

有人说,李广与同朝的卫青、霍去病相比,有勇无谋,所以屡屡战败。此话与事实不符。试想,一个有勇无谋的李广,如何能屡次突破重围,并能从敌人手中逃回?而且,李广先后任北部七郡太守,令匈奴不敢轻易进犯。

所谓的"屡屡战败",主要是败在随他人出征。一次是匈奴兵多,而且匈奴首领下令活捉李广,足见对方动用了大量军力,而且这也给在另一侧作战的卫青提供了取胜的机会。另一次是李广以四千人对四万人的匈奴大军,即使是这样,李广仍抵挡了两天,等到了援兵。

这就让人不由得问,为何只给李广四千人马,而且还总让他干那些迂回包抄的差事?

匈奴为何偏偏给李广一个"飞将军"的称号?敌人在这方面是没有必要说谎的,这说明在他们眼里,李广是一名真正的大将!

事实上,"李广难封",并非李广"命数不佳",而是朝廷故意压制。

司马迁在《史记》中,就隐晦地为李广打抱不平,说他骁勇善战,却长期被边缘化,不被重用。而且,司马迁正是为李广的孙子李陵鸣不平,而被施以宫刑。所以,司马迁在写李广一家时,应有所顾忌,但他仍表达了对朝廷压制李广及其子孙的不满。

事实上,当失去了第一次封侯得爵的机会时,李广就注定永远不能被重用。当时,李广平定七国之乱,为何没被封赏?因为他接受了梁孝王的将军印。

梁孝王是汉景帝的同胞弟弟。

梁孝王虽然平叛有功,但其中是有原因的。因为汉景帝为了讨母亲欢心,曾说死后将皇位传给弟弟梁孝王。所以,梁孝王就对皇位有了念想,私授李广将军印,是为了拉拢他。但李广呢,没有多想接受了,这让汉景帝对他有所防范。

所以说,从接受梁孝王的将军印那刻起,李广就开始了他的悲剧人生!

细柳阅兵——周亚夫

周亚夫,西汉名将,在"七国之乱"时立了大功。但就是这样一个大功臣,最后也落了个悲剧的下场。

他的悲剧人生到底是什么导致的呢?用两个字来概括就是:性格。什么性格呢?这个要从让他名扬天下的"细柳阅兵"说起!

汉文帝时,匈奴大肆进犯边塞地区,朝廷派多名大将驻守边关。其中,周亚夫就被派到了细柳(今咸阳市西南)。一次,汉文帝亲自慰问前方将士,他先到了灞上、棘门。这两地的将领一听说皇上来了,都慌忙去迎接。汉文帝走时也是被全军送到军营门口。

当汉文帝到了细柳军营时,情形与前两处截然不同。当时,细柳营外的卫兵们手拿利剑,身披盔甲。皇帝的使者们到了之后,马上就被卫兵们拦住了,无法进去,于是通告说:"皇上马上就到了! 还不快开门迎接!"卫兵们说:"军营中只听将军的命令!"

过了一会儿,汉文帝的马车到了,卫兵们还是没有开门! 汉文帝无奈,只好派人拿着自己的符节去通报。周亚夫这样才下令打开营门。守门的卫兵对皇帝的随从说:"将军有令,军营中任何人的马车都不得疾驰,违令者斩!"于是,汉文帝吩咐随从牵着马缓缓前进。

周亚夫见了汉文帝后也没有跪拜迎接,他身穿铠甲,行拱手礼道:"臣盔甲在身,不能跪拜,请皇上以军礼相待!"随行的大臣们都捏了一把汗,这周亚夫对皇帝太不恭敬了吧! 但汉文帝听后却为之动容,向将士们行军礼。慰问完毕后,汉文帝驾车回去了,并感叹地说:"这才是真正的将军啊!"

周亚夫虽然身为将军却无越轨之处,但是以这种态度对待皇帝,显得过于傲慢!

汉文帝对周亚夫很是敬重，甚至在临死前，他还对太子刘启说："将来国家有了灾难，特别是有人造反时，周亚夫是可以重用的!"果然，刘启继位后，发生"七国叛乱"，他任用周亚夫为大将军，三个月之内就平定了叛乱。

平定七国叛乱之后，周亚夫功劳很大，之后升为丞相。

丞相这个职务要想做好，首先要懂得周旋，调节好君臣之间的关系，不能太较真，像周亚夫这种性格，注定做不长久。

首先，周亚夫惹怒了梁孝王。梁孝王是汉景帝的同胞弟弟，窦太后十分宠爱这个小儿子。周亚夫与梁孝王结怨还是在七国之乱时。

当时，周亚夫率军到了河南一带，吴楚联军正在攻打梁军，周亚夫分析形势后，决定先避开吴楚联军的锐气，先让梁军自己打，等到吴楚锐气丧尽之后，自己再上。

梁孝王向汉景帝求救，汉景帝于是令周亚夫救援。周亚夫虽是个军事天才，但不懂做表面文章，来了个"将在外，君命有所不受"，只是派兵切断了吴楚联军的粮草。吴楚联军久攻不克，又没了粮草，被迫撤离。这时周亚夫才出兵一举击败了吴楚联军，虽然平叛胜利了，但是却惹恼了梁孝王。

之后，梁孝王经常在窦太后身边诋毁周亚夫，窦太后也因此经常对汉景帝说周亚夫的坏话。后来，周亚夫力劝汉景帝切勿废长立幼，他不懂得劝谏艺术，与汉景帝发生了激烈争执，最后不仅没有说服汉景帝，反而加深了汉景帝对他的愤怒。

后来，匈奴有五人归顺朝廷，汉景帝十分高兴，要封他们为侯。周亚夫上谏说："如果这些背叛国家的人都被封侯，以后还如何处置那些不忠于国家的人呢?"这种事情有利有弊，没有对错之分，而汉景帝却大怒道："迂腐!"然后将那几个人封了侯。周亚夫见汉景帝这样，失落地辞官而去，汉景帝也没有挽留，随他而去。

如果事情这样结束也还好，关键是周亚夫有能力有威望，汉景帝对他放心不下!

一天，汉景帝专门请周亚夫吃饭，想试探一下他的态度。周亚夫走进宫中，只有汉景帝和他两个人，等他坐到了席前，发现自己桌上只有菜肴，而无筷子，根本无法进食。他对身边的侍者说："请拿双筷子来！"侍者早受了汉景帝的命令，装聋作哑，一动不动。周亚夫觉得汉景帝是在戏弄他，憋住火气，想再问侍者。这时，汉景帝突然插口："你还不满足吗？"周亚夫一听，又愧又恨，只好下跪谢罪。汉景帝才说了一个"起"字，周亚夫就愤而起身，再也没有说过一句话。

几天后，周亚夫就被叫上公堂受审。原来，周亚夫年纪大了，他的儿子为他准备葬器之类的东西，买了五百甲盾，准备在他去世时使用，这甲盾是国家禁止个人买卖的。可能是周亚夫的儿子贪小便宜，先让人拉回家，没有提前给钱，使得卖家怀恨在心告发他私买禁品。

汉景帝对周亚夫本就怀恨在心，正好借此机会处理他。公堂上，审判官问他："你为何要谋反呢？"周亚夫解释道："我儿子买的都是丧葬用品，怎么是谋反呢？"

审判官无话可说，但是皇上要置他于死地，必须要找个借口，于是说出了荒诞不经的判词："你就是不想在地上谋反，也想死后在地下谋反！"

周亚夫听后，完全明白了，再也没有说一句话。被关起来后，他五天不吃、不喝，绝食而死。一代名将就这样结束了他的生命！

周亚夫被杀的原因主要有以下三个：

其一，得罪了梁孝王。周亚夫用兵本是为了稳固汉朝江山，不料却惹恼了梁孝王，使得窦太后整天给汉景帝说周亚夫的坏话。

其二，得罪了汉景帝。周亚夫不懂得见风使舵，阻止汉景帝废长立幼。

其三，有本事不听话。在皇帝面前，有本事不听话，还不如做个听话没本事的。周亚夫是个军事天才，汉景帝不想他对自己的皇位有所威胁。

可以说，周亚夫落个如此结局，只能怪自己耿直的性格。因为，作为臣子，他不能去得罪君王。

在古代社会，皇帝最大，比国还要大。周亚夫以为自己为国效忠，就是为君效忠。他错了！因为国与君是不同的，如果你为国谋利而损害了一国之君的私利，就必定会落个悲剧的下场！

封狼居胥——霍去病

霍去病,西汉名将,好骑射,多次与匈奴交战,每战皆胜,并留下了"封狼居胥"的佳话。

说起霍去病,无人不晓,历史上没有人像他一样小小的年纪就立下了巨大的功勋。

霍去病精通兵法,勇猛善战,是中国历史上的常胜将军。他十七岁两出定襄,十九岁三征河西,二十一岁就纵横漠北。这样一个传奇的他,同样出生在一个传奇的家庭中!

他的母亲是平阳公主府中一个叫卫少儿的奴婢。卫少儿与平阳县小吏私通而生下了他。因为他的父亲不敢认他,所以霍去病成了一个可怜的私生子。父亲不认,母亲又是个奴婢,霍去病很难有出息!

然而,在霍去病出生一年后,他的姨母卫子夫被平阳公主献给了汉武帝,而且很快就被封为夫人,品级仅次于皇后。卫氏家族的命运就此改变。这个时候,汉王朝的命运也改变了。

汉武帝时,边塞经常受到匈奴的骚扰,以游牧为生的匈奴把以农耕为生的汉朝当成了他们自家的粮库,烧杀抢掠无所不做。这种形势从秦朝以来就一直没有改变,汉人多数以和亲及贡献财物来换取暂时的安宁。

汉武帝很想改变现状,于是找到了志同道合的卫青,就是卫子夫的弟弟。

公元前 130 年,卫青与另外三军一同出征。在这次出征的过程中,四路大军三路战败,只有第一次出征的卫青凯旋。从此,汉武帝对卫青委以重任。

在卫青建功立业的同时,霍去病也渐渐长大了,在舅舅的熏陶下,他精于骑射,胸有大志,自幼就渴望杀敌立功。

公元前123年,汉武帝发动了大规模的对匈奴的战争。这个时候,十七岁的霍去病主动请缨,并得到了批准。

到了前线,霍去病急于参战,卫青便分给他八百骑兵给他练练手。谁料,霍去病居然凭着一腔热血,率领着自己的第一支队伍,在茫茫大漠中遍寻敌人的足迹,结果杀敌两千多人,并将匈奴首领的两个叔父一个击毙,一个俘虏。更令人惊叹的是,霍去病带的八百精兵一个不少全数返回!

霍去病首战告捷,而且在此战中开创了新的战法"长途奔袭"。霍去病带着八百精兵,想方设法地突破敌人的防线,然后轻装简从,长途奔袭,分割歼灭,闪电般地击溃敌人。

"长途奔袭"战术的特点是:部队必须骁勇善战,而且要求有极强的单兵作战能力,行动迅捷,纪律严明,几百人乃至上万人也要做到进退如一人,快打快收。这种特点也就决定了要以少克多,人马太多,部队的灵活性就丧失了,闪击战的威力就发挥不出来。所以,霍去病领导的战役基本上都是以少胜多。

"长途奔袭"战术是霍去病误打误撞,摸索出来的,巧的是这种战术正是克制匈奴的不二法门。后来,唐灭突厥、明灭北元采取的就是霍去病"长途奔袭"的战法。

霍去病立下大功后,被汉武帝封为"冠军侯"。

公元前121年,汉武帝再次派霍去病出征,让他独自率领一万精兵出击匈奴。这就是河西大战。十九岁的霍去病没有让他失望,在茫茫大漠中奔袭,六天中转战匈奴的五个部落,并且与匈奴卢侯王、折兰王来了一场硬碰硬的决战。

最终,霍去病取得了惨烈的胜利,一万精兵只有三千返回。但是匈奴损失更为惨重,卢侯王和折兰王都被击毙,死亡人数将近九千。

此战后,朝廷中再也没有人怀疑霍去病的带兵能力,年少的他竟成了汉军中战神的化身!

真正使霍去病威风凛凛的事情是"河西受降"。

匈奴战败后,单于想处理浑邪王与休屠王。两人得知消息后便想归顺汉朝。当时,汉武帝怀疑有诈,于是就派霍去病去河西接收受降。当霍去病到达时，浑邪王内部发生了叛乱。在这种局势下，霍去病仅带几个人就冲进了匈奴营中，直面浑邪王并让他诛杀叛乱的士兵。

而此时的浑邪王不知在想什么！那一刻他完全有机会将霍去病杀掉或者扣留，只要他这样做，单于不但不会杀他还会赏他。然而，浑邪王却什么都没有做。可能他被不畏生死的霍去病震慑住了！被震慑住的不单单是浑邪王，还有四万多名匈奴兵，他们最终没有将叛乱继续扩大。

河西受降成功了。令人难以想象的是，一个十九岁的少年是如何站在四万多敌人的中间，用几句话将他们制服的！

此时，饱受匈奴困扰的汉王朝终于扬眉吐气，汉人也有了作为强者的自信！霍去病从此也成了汉王朝出击匈奴的王牌！

公元前117年，汉武帝为了消灭匈奴的主力，又一次拿出了这张王牌，他下令霍去病去打单于。结果，由于情报出了错误，霍去病没能遇到他最渴望的对手，而是碰到了地位仅次于单于的左贤王。

这一战成了霍去病的巅峰之作。霍去病率兵奔袭两千余里，歼敌七万多人，活捉匈奴王爷三人。

霍去病一心想与匈奴单于交战，深入大漠遍寻匈奴足迹，到过蒙古肯特山一带。在那里，霍去病养兵蓄锐，率领大军进行了祭天地的仪式。祭天封礼在狼居胥山举行，祭地禅礼在姑衍山举行，显现了霍去病抗击匈奴的决心，因此也留下了"封狼居胥"的佳话。

封狼居胥之后，霍去病率军追击匈奴，一直打到瀚海（今俄罗斯贝加尔湖）才收兵回朝。经此一战，"匈奴远遁，漠南无王庭"。霍去病成功地抗击了匈奴的骚扰，并将其驱逐到了大漠以北。在立下如此大的功勋后，霍去病被封为大将军、大司马。从此，霍去病成了兵家第一荣誉象征。那一年，霍去病才二十二岁。

公元前115年，年仅二十四岁的霍去病突然死去了！而且死因不详！

司马迁在《史记》中对霍去病的葬礼描写得很详细，但是对他的死因却只字未提，仅仅说了句，"骠骑将军自四年军后三年，元狩六年而卒。"这样一个赫赫有名的人物，死因却没有任何记载，实在有点说不过去。这一切只能说明霍去病非正常死亡，也就是被人陷害的。

古往今来，大将军的结局无非两个：死于战场或死于政治。

造成这一切的原因是太子与卫氏一族的关系。卫子夫为汉武帝生了他的第一个儿子，就是太子。太子与卫氏一族息息相关，太子需要卫氏的协助，而卫氏需要太子来巩固地位。

然而，汉武帝却很想将太子与卫氏割开，因为他不想让太子过多地依靠外戚。霍去病去世时，太子还只是一个十二岁的孩子。汉武帝不想自己的儿子被卫氏所利用，所以就处心积虑地打压卫氏，让太子独立。但事实上，太子无法与卫氏分开，在这种情况下，汉武帝想用霍去病来压制卫氏一族，所以封他为大司马。

而年纪轻轻的霍去病根本没有政治头脑，在去世前不久，竟然公开射杀李敢为舅舅卫青报刺伤之仇。李敢当时已经被封为关内侯，再加上父亲李广的威名及自尽一事，百姓对李家一直抱有同情的态度。霍去病在众目睽睽之下将李敢杀掉，名声受到极大毁坏，内心也因此而充满愤懑。而卫青却因此得到了容忍的好名声。

再回头看看，霍去病射杀李敢一事疑点重重。

首先，霍去病在狩猎场杀人，这个地点选得有点匪夷所思。狩猎场一定有很多人，不可能保密，他为何要在那里为舅舅报仇？卫青在塞外都不敢私自处决部将，这种特权也只有皇帝才有。难道他不会用别的办法处理李敢吗？而且，霍去病杀李敢发生在李敢伤卫青很久之后，霍去病既然无所畏惧，为何还要隐忍这么久才动手？这一切表明，霍去病射杀李敢完全是个突发事件。

真相是，卫青受伤后对外封锁消息，霍去病不知此事，而是在狩猎之时突然得知的，然后冲动之下，一箭便解决了李敢。

是谁告诉了霍去病这个事情呢？为什么会选在狩猎场？这个透露消息的人一定与卫青有着密切的关系，否则他不可能知道卫青被李敢击伤的事情。而选择在狩猎场，是因为这里可以让霍去病用弓箭杀人，就像他在战场上杀敌一样。

霍去病越轨杀人，使得十分器重他的汉武帝十分不满。这不就正是卫氏想要的结果吗？李敢死了，霍去病的名声大毁，而这一切的受益者只有卫氏。

卫青是霍去病的舅舅，卫氏一族为何会这样做呢？这就要从汉武帝重用霍去病说起了。漠北大战后，霍去病得到极高的封赏，而卫青势力却大大衰落，汉武帝用霍去病来压制卫氏一族，使得卫、霍两家之间产生了极大的矛盾。

卫青身上承载着家族的利益，是太子与卫氏一族的保护神，他身边的将领都是他的亲人、朋友。

而霍去病却与他截然相反，他选择将士一切以打仗为出发点，他的得力助手很多都是匈奴降将，选择的将士也都是骁勇善战的，没有一个沾亲带故的人。这种方式让他每战每捷，然而也让他与卫氏一族的关系崩裂。

霍去病得势不但没使卫氏一族得到任何好处，相反还对他们造成了抑制。所以说，霍去病虽然是卫氏一族的分支，但他并不代表卫氏的利益。而且，当霍去病威胁到了卫青的地位时，他就成了卫氏一族的敌人。

汉武帝心知肚明，他知道霍去病是一个孤立的个体，对自己不构成政治威胁，所以才委以重任。

而霍去病呢，在漠北大战后，最想挽回的就是亲情。所以他才会奋不顾身地射杀李敢！

那么，到底谁是真凶？是卫青吗？卫青为人宽和、仁善，他怎么可能会用这么残酷的手段去陷害自己的外甥？

卫氏中还有什么人？其实还有一个分量很重的人，那就是平阳公主。

平阳公主送卫子夫进宫后，卫氏发展过快，尤其是卫青当了大将军之后，平阳公主已经完全无法掌控卫氏，所以她才委身下嫁昔日的仆人卫青。所以说，卫氏的利益其实也是平阳公主的利益，卫氏地位受到威胁时，平阳公主肯定会不择手段地维护卫氏。

所以当霍去病威胁到卫青的地位时，最想除掉他的一定是平阳公主，而且平阳公主完全有能力做到这一点，她也不会在乎霍去病与卫氏的亲情关系。

霍去病到底是怎么死的呢？

首先不可能是刺杀，否则汉武帝一定会勃然大怒，震惊天下。会不会是毒杀？这样表面上看起来很像是病故，但也不可能骗过汉武帝！一个年少勇猛的大将，正准备出征，说病就病，实在说不过去。如果是这样，汉武帝必定会追查到底！

是不是有人诱导他自尽？人言可畏，甚至可以杀人，这种手段比刀剑、毒药更为厉害。

霍去病的性格是有缺陷的，少年得志，狂傲不羁，基本上没有什么朋友，再加上他杀了李敢，名声很差。而他的部下很多是匈奴人，跟着他也就是为了功名利禄，没有什么感情可言。漠北大战后，卫家的人几乎与他为敌，连舅舅卫青都与他有了隔阂。霍去病少年得志，心里却孤独痛苦，倔强孤傲的少年最容易走极端。

汉武帝对霍去病之死，虽然悲痛万分，但没有迁怒于人，用心地给他办了隆重的葬礼。如果是自尽，汉武帝的表现也就说得通了。他隐瞒了霍去病的死因，对外宣称病故，无人可信，但是大家都不敢说，司马迁当然也不敢写出来了。

一代名将霍去病虽然不是完人，但他的精神和智勇令无数人为之倾倒，在整个中国军事史，他创造了不朽的神话！

忠肝义胆——关羽

关羽,字云长,三国时期的蜀国大将。

因为《三国演义》的影响,人们都认为关羽与刘备、张飞是结义兄弟。其实,历史上他们三人从未"桃园结义"。而且与诸葛亮一样,关羽也被人们神化了。在民间,关羽是神,被供在庙里,人称关老爷、关帝君、关圣帝等。那历史上真实的关羽是什么样的呢?

关羽之所以被神化是因为他的"忠义精神",他意志坚强,智勇双全,又有忠肝义胆。

关羽与张飞、刘备虽未结义,但他们情同兄弟。为什么三兄弟只有关羽被奉为神呢?因为古人崇尚忠义,关羽身上的"忠义精神"表现得最为突出,而且他的经历也最传奇。

首先,关羽投降过曹操。200年,曹操大举进攻刘备,刘备惨败,无奈之下投奔了袁绍。当时,关羽独自镇守下邳,结果被曹军俘获。曹操十分欣赏关羽的才能,便将他带了回去,并任命他为偏将军。

后来,袁绍安排大将军颜良攻打东郡。曹操派关羽、张辽迎战。两军交战时,关羽远远地看见了大将军颜良的战车,于是快马加鞭闪电般冲入了敌军的阵地,颜良还未反应过来,就被关羽砍下了脑袋。接着,关羽提着颜良的人头又一路杀回了自己的阵营。最后,袁军中所有的战将都没能抵挡住关羽的气势,东郡就这样解围了。战后,曹操立刻上奏封关羽为汉寿亭侯。

曹操对关羽十分厚爱,后来却慢慢地发现关羽没有死心塌地跟着他,于是就让张辽试探关羽的想法。关羽感叹地说:"我知道曹丞相对我十分厚爱,但是我不能辜负我大哥对我的兄弟情谊,我迟早是要离开的,但我一定会先报答曹丞相的恩情。"张辽将关羽的话传给曹操后,曹操听了十分感动,更加敬重关羽的为人。而这个时候,关羽杀了颜良立了大功,曹操觉得关羽要走了,为了留住他,赏了关羽很多东西。然而,关羽打听到刘备的消息后,就不辞而别。部下想追杀关羽,曹操因为敬重关羽而拦下了他们。

身在曹营心在汉,关羽千里走单骑,最终与刘备相会,充分地表现了他的忠义之心。让关羽成为神的,其实还因为《三国演义》中关羽义释曹操。

赤壁之战后,诸葛亮料定曹操败后必走华容道,于是派关羽留守华容道。曹操兵败后果然向华容道撤离,并在途中三笑周瑜、诸葛亮谋略不足,没有在路上设伏兵。然而,曹操一笑笑出了赵子龙,于是拼命逃跑,赵子龙没有追赶,只是缴获了一些武器。曹操脱险后,停下休息,接着又大笑周瑜、诸葛亮不够聪明,这一笑又笑出个张飞。曹操跳上马就逃,张飞在后面追杀一阵就回去了。

曹操领着残兵败将继续往前走,遇到了两条路,一条是平坦大道,另一条是华容道,路陡难行。曹操命人探查路况,结果发现小路那边有烟,很可能有伏兵,而大路那边比较安静。曹操想,这可能是周瑜、诸葛亮使出的诡计,使我们不敢从这里走,然后在大路上埋伏人马突袭。于是,曹操下令从小路走,走了几里路,曹操得意地大笑。不料,关羽正在前方等候。

关羽手提大刀,拦住了曹操的去路,曹军几经打击,再加上华容道地势险要,已经无力抗战,曹操长叹:"只有决一死战了!"这时,曹操一手下说:"我听说关羽很讲义气,丞相以前待他不薄,若向他求情,说不定能逃过此劫。"曹操听了流着眼泪向关羽求情。关羽想起了曹操对他的恩情,感到十分为难,因为私自放了曹操是死罪。经过一番挣扎后,最终关羽还是下定决心放了曹操。

关羽回到军营后,诸葛亮问明情况,便要将关羽按军法处死,刘备及各将领们纷纷为他求情,最终诸葛亮让他戴罪立功。

奇怪的是,诸葛亮"挥泪斩马谡",为何会轻易饶了关羽呢?而且,诸葛亮料到关羽会放了曹操,为何非要派关羽去做呢?其实这一切都是诸葛亮安排好的。因为曹操是杀不得的,在那个时候,刘备还没有立足之地,杀了曹操后,孙刘两家就成了对手,以刘备当时的实力自然是不能与孙权抗衡的。

既然如此,为什么诸葛亮还要多此一举,故意让关羽放了曹操呢?

其理由有二：一是，不捉曹操，天下人就只知道曹操、孙权而不知有刘备，此举可以彰显刘备的力量，进一步巩固孙刘两家的统一战线；二是，关羽有捉曹操的能力，也有放曹操的理由，让他放了曹操，可以让关羽彻底还了曹操的人情债，到真正与曹操对决时不会手下留情！"华容道捉放曹操"可谓是一石二鸟！

关羽知恩图报，重情重义是真，但是《三国演义》之中的描写并非史实。曹操兵败撤退，的确走的是华容道，但是并没有遇到关羽；曹操在途中的确大笑，但是他笑的不是周瑜、诸葛亮，而是笑刘军行动太迟缓。所以说《三国演义》中写曹操三次大笑，其实是为了凸显诸葛亮的神机妙算与关羽忠义双全的品格。

其实，历史上真实的关羽除了刚烈、正义之外，还比较任性、自恋。214 年，马超投奔刘备，关羽听说马超名气很大，于是就马上给诸葛亮去信了解马超的情况。诸葛亮知道关羽争强好胜的性格，于是告诉关羽，马超虽然勇猛过人，可以与张飞并驾齐驱，但比不上美髯公您出类拔萃！关羽看了，十分高兴，将书信给众人看。所以说，真实的关羽，并不是一个高高在上的神，而是一个有着真实情感的人。

然而，世界上没有完美的人，也没有完美的人生，自恋的性格最终成就了关羽悲剧的人生。

219 年，关羽北伐曹军，收降了于禁的部队，又斩杀了庞德，粮草不足就轻率地到孙权的地盘上抢粮食。与东吴联盟是蜀汉集团最重要的资本，关羽抢孙权的粮仓无疑是撕毁合约，孙权见关羽得志，本来就不高兴，终于找到了出兵的借口，全军出动，给了关羽致命一击，最终荆州失守。

此前，孙权还曾想与关羽联姻，让自己的儿子迎娶关羽的女儿，这对蜀军来说是百利无一害，但是关羽却一口回绝，并以"虎女焉能嫁犬子"之词让孙权大受屈辱。所以说，关羽的失败与其本身的性格有着巨大的关系。他在面对时局时，骄傲自大，对自己估计过高，导致了悲剧的结果。关羽失荆州后又败走麦城被活捉，拒绝投降，最后与儿子一起被杀。

关羽一生追随刘备南征北战，战功卓著，忠肝义胆，虽然他最后以一个失败的局面结束了自己的人生，但是他不屈而死的精神永远令后人敬仰！

羽扇纶巾——周瑜

周瑜,字公瑾,三国时期吴国大将。

大多数人都是从《三国演义》中认识周瑜的。《三国演义》中的周瑜,英俊潇洒,有军事才能,但却心胸狭隘、脾气暴躁,最后被诸葛亮活活气死。其实,人们所了解到的周瑜与历史上真实的周瑜有很大的不同!

历史上周瑜的确是一个美男子,人称"美周郎"。"郎"是当时人们对青年男子的美称,相当于"帅"的意思。周瑜的"帅"不仅仅在外表,更多的是内在气质。

周瑜气质高贵,风度不凡,精通艺术,尤其精熟音律。所以,周瑜是一位风雅的儒将,风流倜傥,羽扇纶巾。"羽扇纶巾"是东汉末年流行的一种装束,士人皆以"羽扇纶巾"为时尚,很多人认为《赤壁怀古》中的"羽扇纶巾"说的是诸葛亮,其实说的是周瑜。

周瑜更是一个杰出的军事家,是个智勇双全、才华横溢、气度宽宏的大英雄!"三气周瑜""赔了夫人又折兵",其实都是《三国演义》中虚构的故事!

人们总喜欢将周瑜与诸葛亮做比较,"既生瑜,何生亮",其实,周瑜的军事、政治才能均不在诸葛亮之下。

首先,在军事上,周瑜指挥了著名的以少胜多的赤壁之战,彰显了其天才般的军事能力。很多人认为赤壁之战是诸葛亮的杰作,说他巧借东风,指挥蜀军赤壁大战,其实这只是诸葛亮被过于神化的结果。

赤壁之战中,诸葛亮最大的功劳就是促成孙权与刘备联合,并没有其他重要的功绩。孙权之所以与刘备联合,在很大程度上与才略过人的周瑜有关系。

周瑜从军事政治角度说服了孙权,才使得孙权同意了联盟之事。赤壁之战的战绩完全是周瑜运筹帷幄、指挥若定的结果，与诸葛亮关系不大。那时，诸葛亮在刘备军中还没有建树。

周瑜在军事上的另一杰作是赤壁之战后的围攻江陵之战。曹操在赤壁之战之后，派了两名大将曹仁、徐晃率八千兵马镇守重镇江陵。周瑜带了两万精兵过去围攻。攻城之战向来不好打，而且江陵城高池深、粮草充足。但周瑜用了仅一年的时间，在损失很少的情况下，就将曹军击溃，攻下了江陵。

在东吴开疆拓土的过程中，周瑜南征北战、攻无不克。东吴的疆土，有一大半都是周瑜的功劳。定江东、征黄祖等著名战役，周瑜都是指挥者，几乎是每战必胜，所向披靡，淋漓尽致地展现了他杰出的军事才能。

诸葛亮的军事才能与周瑜是无法相提并论的。"诸葛亮之为相国也，抚百姓，示仪轨，约官职，从权制，开诚心，布公道。"诸葛亮的才能其实是治国才能，主要是安抚百姓、制定礼规、约束官员等。

而周瑜却长期统率军队，亲自指挥了东吴所有主要的战役，军事才能令敌军叹服，连东吴之主孙权也十分敬佩。孙权曾夸周瑜是"公瑾雄略，胆略兼人"。那个时候的周瑜，可谓是少年英雄，意气风发，光芒四射！正如苏东坡在《赤壁怀古》中所说："遥想公瑾当年，小乔初嫁了，雄姿英发。羽扇纶巾，谈笑间，樯橹灰飞烟灭。"

其次，周瑜还是杰出的政治家。他劝孙策定江东，由此开创了东吴江山。当时，北方群雄鼎立，荆州刘表声势浩大，只剩下江东可以创业。事实也证明，定江东开创了东吴的基业。

定江东后，周瑜又为孙权规划了宏伟的蓝图，先取庐江，再取荆州、益州，与北方划江而治，之后再逐渐统一天下。后来，东吴基本上就是按照这一战略方针展开战役的。

而且，在赤壁之战后，周瑜提出了趁势灭掉刘备的主张。当时，刘备因为与东吴联合而得以生存，之后趁周瑜围攻江陵之际，抢占了荆州等四郡，对孙权声称为借。周瑜知道留着刘备有如养虎，所以想趁其未壮大之时予以消灭。可惜，这一主张遭到了孙权与鲁肃的反对，他们担心与刘备交战，会引曹操南下。其实，周瑜的主张是可取的，因为当时曹操根本没有能力南征。后来，孙权在称帝后也认识到了在此事上的决策错误，如果按照周瑜的建议实施，之后便不是三分天下了，而是南北对峙。

周瑜无论外表还是内在都很优秀。他不仅才华横溢，而且还坦诚忠义、正直高尚，具有出色的人格魅力。

十岁时，他听说孙策才能不凡，就长途跋涉，前去拜访，并与孙策结为兄弟，之后又邀孙策一家到家中来住，将自家一半的屋子都腾给了孙策一家。他与孙策志趣相投，此后，他的一生都奉献给了这个兄弟。

孙策起初只有两千兵马，周瑜有三千兵马而且以周瑜的实力，他完全可以独树一帜的，但他却将自己的兵马全给了孙策，还为他四处找物资，然后一同打下江东。之后，周瑜还拒绝了很多利益诱惑，包括曹操的劝降。

在利与义面前，周瑜选择了义。如果心胸狭窄，是不可能甘为人下的。周瑜之所以心甘情愿为孙氏兄弟打天下，完全是出于对孙策的知己之情。孙策去世后，周瑜继续尽心辅佐孙策的弟弟孙权。

周瑜除了有忠臣之忠，也有良友之忠。鲁肃投奔孙权，就是周瑜介绍的。鲁肃并不是《三国演义》中所塑造的那样是一个迂腐无用的人，而是一个足智多谋的侠士。鲁肃投奔孙权后，为孙权规划了一个蓝图就是"鼎足江东"，这与周瑜的观点是一致的。在赤壁之战时，周瑜与鲁肃同样都是主战派、联刘派。但是在赤壁之战后，两人产生了分歧，鲁肃是亲刘派，周瑜是疏刘派。但是后来周瑜在临终前还是推荐鲁肃顶替自己，可见他对朋友也是很真诚的。这样的周瑜，怎可能是一个心胸狭隘的人？

真实的周瑜心胸十分宽广，大公无私。除了鲁肃，东吴还有很多人才都是周瑜推荐来的。而且，他还十分谦虚，每推荐一人，都说对方的才能要胜过自己数倍。

东吴老将程普因为地位在周瑜之下，很不服气，经常找借口侮辱他，但他却从不计较，最后化干戈为玉帛。程普对人赞美周瑜说："与公瑾交往，如饮醇醪，不觉自醉。"

周瑜对友情忠诚，对爱情也很专一。在古代社会，三妻四妾是很正常的，更何况周瑜英俊潇洒、位高权重，但是他却只娶了小乔一个人。在古代十分罕见。

总之，真实的周瑜是一个心胸开阔、德才兼备的英雄，是一个集聚了中国传统男人所有品格优点的完美人物。这样的他与小说中的形象截然不同，而是像苏东坡所描述的那样，是意气风发的千古风流人物！

唐初名将——李靖

李靖，字药师，隋末唐初名将，是神话人物"托塔李天王"的原型。

人们之所以将他塑造为托塔李天王，就是他具有出色的军事才能。

李靖是中国历史上少有的不败战神，他历经百战，是中国古代开拓领土最多、杀人最少的战争天才。他与韩信的战绩相当，但不同的是，他是历史上幸得善终的开国大将，他审时度势，不结朋党，可谓是将相中的奇人。

李靖出身官宦世家，年幼时就显示出极高的文武天赋，成年后更是气度不凡，因此还有了他与红拂女的故事。

据说，隋朝初年，李靖为施展抱负，到长安投到杨素门下，可惜杨素当时年老体弱，大志全无，安于现状，李靖非常失望。晚上，李靖在客栈独自思忖，正在郁闷时，有人来访，竟然是杨素门下的侍女红拂。白天，李靖与杨素交谈之时，红拂伺候在旁，她见李靖气度不凡，心中顿生爱慕，于是深夜前来拜访。此后，红拂女为李靖奉献了自己的一生。

李靖是一个大器晚成的人，他踏入仕途后，没有遇到明主，隋炀帝时期，李靖最高的职位只是一个驾部员外郎的六品小官，主要是掌管御马、车乘。这样的情况一直到四十不惑。当时，怀才不遇的李靖已经消磨了锐气，只求能官升一级，让家人过得好一些。

然而峰回路转，李靖的人生迎来了巨大的转机。617年，太原，唐国公李渊积极筹划，欲反隋自立。身处太原的李靖敏感地觉察到了时局的变化，他认为自己实现抱负的机会就要来了，决心要建功立业！然而，李靖此时心中的君主还是隋炀帝，他马上赶往都城向隋炀帝报告险情。

李靖到达长安后不久，李渊的队伍就攻下了那里。李靖被捕，被押到了李渊面前。

接下来，李靖遇到了一位真正的明主——秦王李世民。从此，李靖被李世民招入麾下，开始了轰轰烈烈的人生。

在唐朝建国的过程中，除了李世民，李靖就是最重要的将领。在统一全国的战争中，黄河流域是李世民打下的，而长江流域则全是李靖的功劳。战功将李靖推向了权力的高峰，他有了足以影响大唐王朝的力量。

626年，玄武门之外发生了一场激烈的厮杀。在这场争斗中，李世民杀死了太子李建成与齐王李元吉，掌握了唐朝的军政大权。随后，李世民继承皇位，改年号为"贞观"。

在这场巨变发生之前，李世民曾派人去拉拢李靖，但是李靖最终拒绝响应，采取中立的态度，他认为自己不应该参与政治斗争。总之，李世民登基，李靖没有任何功劳。但是，李世民对他更为敬重，他认为李靖不参与兵变，是个人道德的表现。

627年，李靖被任命为兵部尚书，全力抗击突厥。突厥对唐朝的威胁一直以来是李世民心中的痛处。自太原起兵时，李家父子就一直承受着突厥的威胁。唐朝建立后，李渊被迫向突厥称臣。李世民登基后，突厥趁唐朝动荡之际，发动十几万骑兵大势南侵，直打到长安城外渭水之北。李世民被迫与突厥和谈，双方结盟，突厥才终于撤兵。

从此，李世民日夜练兵，等待报复的机会，很快，机会就来了！李世民继位后突厥连年灾害，牲畜损失极大，突厥人心离散。李世民见时机成熟，于是命令李靖率领十万大军直驱突厥。这是唐朝建立以来最大的一次战争，而这次战争的主导者就是李靖。

630年，李靖带了三千人马从马邑出发，直指定襄。突厥一直不承认唐朝的正统地位，将杨政道推为傀儡皇帝，定都定襄，以此来与唐朝抗衡。

到达定襄之前，李靖事先让帅旗出现在定襄城内，让突厥惶恐不安。果然，突厥兵看到帅旗后惊慌失措，人人自危。大军抵达之后，李靖按兵不动，暗中说服突厥颉利可汗的主将康苏密投降。几日后，康苏密果然投降。没了主将，颉利可汗准备连夜撤兵。李靖早料到会如此，于是夜袭定襄城。这次突袭非常成功，一举击溃敌军，活捉了杨政道。

颉利可汗不知道唐军只有三千人马，以为李靖这种大将必定会率领数万大军,于是仓皇而逃,不敢迎战。李靖发现突厥判断失误,将计就计,跟在后面追击,当然只是虚张声势,不敢真的追上。

同时,李靖派人挑拨各路诸侯小可汗,最后颉利可汗众叛亲离,势力土崩瓦解。李靖只用了三千人马就彻底击溃了东突厥,解除了多年来唐朝所受到的威胁。

颉利可汗见无力与唐军抗衡,于是派使者求和,表示愿意臣服大唐,甚至同意到长安亲自朝见。李世民批准接纳后,派李靖去受降,并派了大臣唐俭作为外交使者去接待他。当时,颉利可汗手里还有数万兵力,这些人的忠心是不容置疑的,其战斗力也不容小觑。李靖预感到这可能只是突厥的缓兵之计,因为此前高句丽就曾用假求和骗了隋炀帝,使得隋军失去了取胜时机。

这般思量之后,李靖便趁使者和谈之际,集结了唐朝的主力军,准备利用颉利可汗懈怠之时,突袭颉利大营。这时,李靖的部下张公瑾表示反对,他认为皇上已经同意和议,再私自发动进攻是违反圣意,而且唐朝使者唐俭正在突厥军营,若发动进攻必然会威胁到唐俭的安全。

但机不可失,失不再来,作为一名大将看到消灭敌人的良机,怎么可能轻易放弃!

所以,李靖抓住了这次机会,当然这对使者唐俭来说很残酷,因为他在毫不知情的情况下就被当作棋子利用了!而且,唐俭是李渊起兵时的首臣,而且还及时揭发了李渊表弟的造反,使得李渊逃过大劫。虽然李渊已经退位,但是得罪此人,还是会惹来很大麻烦的。

主意已定,李靖便率领一万精壮连夜偷袭颉利大营。而突厥此时正在热情款待唐朝使者唐俭,绝对不可能料到唐军会在此时进攻。直到临近颉利大营,突厥兵才发现唐军,他们根本来不及准备就被唐军围困。最后颉利可汗在逃跑途中被俘。

这一举彻底消灭了东突厥政权,李世民欣喜若狂,大赦天下,并召集群臣在宫中设宴狂欢。然而真正的大功臣李靖却没有机会去狂欢,因为他被上书弹劾,具体罪状是“治军无法,突厥珍物,掳掠俱尽”,意思是李靖的手下私分战利品没有上缴。这个罪名斩首的可能性都有!上书弹劾者是萧瑀、温彦博,两人都是唐俭的故交。

李世民不愧是一代明主，他收到弹劾文书后，驳回了将李靖审查处理的提议，但还是狠狠地训斥了李靖。李靖心里自然委屈，因为所谓的"珍物"，他见都没见，自己的手下拿没拿也不清楚，立了如此大的功不但无赏，还被责罚，实在是苦闷。不过，李靖忍下了怨气，什么都没说，只是叩头谢罪。

过了一段时间后，李世民突然宣告群臣，隋将史万岁破突厥有功，不但无赏反而被杀，隋朝不可学，李靖的功劳要赏，罪也免了。于是李靖被加封为左光禄大夫。不久后李世民召见李靖说，他之前责备李靖是受了小人的迷惑，希望李靖不要放在心上。随后又给李靖升官加赏，封他为尚书右仆射，职位相当于宰相。出将入相，李靖的人生达到了巅峰。

其实，李世民用这件事对李靖的忠心进行了一番考验。他先训斥后安抚，看似体恤人情，其实是对李靖下警告。李靖能够躲过此劫，也充分地体现了他的文武双全。

之后，李靖行事谨慎，身为尚书右仆射，他有权参政，但是凡事三缄其口，《资治通鉴》说他是"性沈厚"。事实上，了解了他的这些经历后就会明白，李靖的"沈厚"是一种躲避锋芒的智慧。

贞观八年，李靖告老还乡，远离政坛。但是，他刚一辞官，唐朝又发生了战事，西北民族吐谷浑对唐朝表示不服，起兵作乱。李靖的重要性又显现出来了，李世民请他回来领兵出征。李靖毫不犹豫地答应了，也许只有在战场上他才能肆意驰骋。吐谷浑的国力当然不能与唐朝相提并论，何况还是不败战神李靖领兵。不久后，吐谷浑全军覆灭，李靖凯旋。

然而，悲剧又重演了！李靖一回朝，他的部下高甑生立刻举报李靖企图谋反。这个罪名比私分战利品要严重得多，李世民认真审问一番后发现，原来这个高甑生在吐谷浑时因违反纪律被李靖处分，所以诬告李靖以泄私愤。经过此事后，李靖更是闭门不出，不理世事。

为了不让李靖的才能埋没，李世民派亲信侯君集向李靖学习兵法。谁知不久后，侯君集竟然谗害李靖，说李靖只是教给他一些基本知识，高深的不肯传授，可能有异心。李世民便召来李靖解释，李靖回答说："我教给他的东西已经足够安邦定国了，他一再要求学习高深的东西，恐怕他才是有异心。"

功臣难当！李靖即使大门不出二门不迈，仍然有人要告他谋反，不过李靖已经对这种暗箭应付自如了，李世民没有再追究。不过李靖倒猜对了，侯君集后来密谋杀李世民拥立太子李承乾继位，最后事情败露被处死。

　　贞观二十三年，李靖病逝，享年七十九岁，李世民下旨陪葬昭陵。李靖的人生是圆满的，一人之上万人之下，作为一名武将，他战功赫赫，功高盖主，但是他却避免了"兔死狗烹"的命运，得以善终。这归功于李世民的英明，更得益于他的知足而退。

平定动乱——郭子仪

郭子仪,唐代名将,有着"权倾天下而朝不忌,功盖一代而主不疑"的声望。

郭子仪一生效忠于唐玄宗、唐肃宗、唐代宗、唐德宗四任皇帝,为将六十余年,其中二十余年系国家安危于一身,为唐朝的稳定作出了不可磨灭的贡献。

郭子仪,出将入相,唐德宗尊他为"尚父"。尚父是一个很尊重的称呼,意思是很尊敬的父辈。可见,郭子仪是相当受皇族所尊敬的!

据说,郭子仪的儿子娶了公主。一次,他的儿子与公主吵架,一气之下说:"如果没我父亲,你们大唐早没了!"公主受辱,跑到皇上那里去告状,这可是大罪,弄不好是要掉脑袋的,但是皇帝却说:"是啊,如果没有郭家,大唐不可能有今天!"

郭子仪是千古名将,一生的贡献当然要数战功。755年,安禄山起兵谋反。此时的唐王朝已经很多年没有发生战乱了,唐军已经习惯了歌舞升平的大唐盛世,战斗力较弱,安禄山节节取胜,一路杀进长安,很快就占领了大唐的半壁江山。

半年之内,两京沦陷,皇帝逃亡,人心惶惶,唐朝危矣!

然而,乱世出英雄,郭子仪在危急时刻接到了唐玄宗的任命状,被任命为朔方节度使,负责抗击安禄山。

郭子仪初战告捷,一举消灭叛军七千余人,然后又收回云中、马邑,打通东陵关,所向披靡,一时军心振奋,从根本上扭转了战争的局势。

肃宗继位后,郭子仪被封为兵部尚书,他再接再厉,倾力平叛,连战告捷,数经血战,最终收复两京,平定了安史之乱。

平息安史之乱后，郭子仪威名远扬，但这并不是他最传奇的一战。

唐代宗即位后，解除了郭子仪的兵权。

763年，吐蕃进犯，边塞告急。此前，朝廷为了平定安史之乱将边塞军队内调，所以才导致吐蕃趁机发兵。郭子仪曾经提醒过唐代宗，但是唐代宗不以为然。

吐蕃东进，边塞向朝廷告急，宦官程元振却瞒住唐代宗，不向其报告。于是，吐蕃军一路无阻，很快就抵达了泾州，泾州刺史投降，致使吐蕃深入内地。直到邠州，唐代宗才知道了吐蕃进犯的事情。之后，唐代宗命令郭子仪出兵抗击吐蕃。

当时，郭子仪身边只有十多个老部下，接到命令后，他只好临时凑集人马，集结了散军几千人。郭子仪整理军队后，驻军在商州。郭子仪派自己的孙子率兵勘察敌情，对方有十万大军，如何与之抗衡？只能以智取胜，白天，郭子仪命人击鼓张旗，虚张声势；夜晚命人燃火放烟，迷惑吐蕃。另外，还有数百人在长安城击鼓呐喊，宣扬郭子仪率大军来临的消息。面对这种局面，吐蕃军害怕了，觉得无力抵抗，于是连夜撤退了。从此以后，郭子仪的名望更高了！

764年，仆固怀恩叛唐，引诱吐蕃、回纥十万大军进攻关中。唐代宗又将郭子仪找来，当时郭子仪勉强凑了两千骑兵去抗击敌人的十万大军。

到了前线，郭子仪亲自率领两千大军列于阵前。敌军问唐军："主帅是谁？"唐军回答："郭令公！"敌军大惊，问："郭令公还在啊？仆固怀恩说大唐天子驾崩，郭令公已死，大唐无主，我们才来到这里。郭令公还在，那大唐天子还活着吗？"唐军说："天子安好！"听后，敌军首领有点惊慌失措，面面相觑："难道我们被仆固怀恩骗了？"然后问唐军："郭令公既然在此，能否见上一面？"

郭子仪听到汇报，决定一个人到敌营去，众人劝阻："敌军不可信，请您不要去！"郭子仪说："这仗打不了，敌军多于我军几十倍，实力悬殊，我一个人去会会他们，或许还有点希望！"众将士请求郭子仪带五百个精壮一起去。郭子仪说："这样做反而会坏事！"于是，郭子仪只带了几个随从去了敌人的阵营。

敌军最初十分怀疑，带着兵等着他，看见来了这么几个人，就问郭令公在哪里。郭子仪将铠甲一卸，将手里的兵器一扔，敌人一看果然是郭令公。郭子仪对他们说："我们长久以来和睦相处、相互信任，为何落到要打仗的地步呢？"敌军马上放下兵器说："这真是我们的郭令公啊！"然后，郭子仪一个人进了敌营，与敌军几句话一讲，仗就不用打了！

大唐的很多危急时刻，都是被郭子仪一一化解的。然而天下太平时，皇帝就会让他回家。当时，朝廷中的文臣武将都听命于他，但是皇帝一怀疑他，他就马上交出兵权，坦然地回家。等国家有难时，他又会不顾一切地马上出面救援！

郭子仪还有一个很大的优点，就是肚量大。朝廷中，奸臣当道，很多皇帝面前的大红人都想方设法地整他，但是他从不记恨，都一一包容了。

鱼朝恩害他，让他失去兵权回家；再出山时，程元振嫉妒他，让他再次失权。但是，国家离不开他，使他屡黜屡起。最后，嫉妒的鱼朝恩派人偷偷地掘了郭子仪父亲的坟墓。郭子仪心里明白是鱼朝恩干的，但却不动声色，这并非常人所能做到的。之后，皇帝为了此事专门慰问，郭子仪却说："我带兵几十年，手下们经常在外挖别人的坟墓，我无法都顾得到，如今我父亲的坟墓被挖了，是因果报应，皇上您就不必追究了！"郭子仪鼎立于四朝而不败，就是因为他智勇豁达，无怨无悔！

郭子仪一生为朝廷尽职尽忠，所提拔的人才有六十多人，皆为将相。他有八个儿子、七个女婿、几十个孙子。据说，孙子太多，他都认不清楚。他的儿子、女婿都在朝中做官，加上他总共十六个人，皇帝居然都不忌讳，郭子仪可谓千古奇人啊！

781年，郭子仪去世，他死后成为历史上绝少的"福禄寿考"四字俱全的名臣之一，历史上对他评价是"功盖天下而主不疑"，朝廷内部的重要官员都是他的学生，但他自己并没有骄纵恣肆。

雁过留声，人过留名。郭子仪以身许国，历经四朝，功勋卓著，被后世称为："一代纯臣，千古完人"。

精忠报国——岳飞

岳飞,字鹏举,南宋名将。他生于农家,据说出生时有大鹏飞过屋顶,所以取名为飞、字鹏举。

岳飞自幼练习武艺,十九岁时从军抗辽。后来,金兵大肆进犯中原,岳飞便开始了抗击金军的戎马生涯。据说,在岳飞临行前,他的母亲在他背上刺上了"尽忠报国"四个大字,后来成为岳飞一生所遵循的精神信仰。

然而,这么一位保家卫国的英雄最后却死得不明不白,被秦桧以"莫须有"的罪名处死。秦桧也得到了应有的下场,被后世骂为大汉奸,并通过"油炸秦桧"的方式来发泄心中的怒气。

南宋时,油条是杭州人爱吃的早点,百姓们知道岳飞被害的消息后,对秦桧、王氏深恶痛绝。有一家卖油条的小贩抑制不住心中的怒气,将两个面片背靠背贴在一起丢进油锅,嘴中吆喝着:"吃油炸秦桧啦!"于是"油炸秦桧"便这样传遍大江南北。

虽然秦桧是直接害死岳飞的凶手,但是秦桧敢这么做也是受了宋高宗赵构的指示。那么,为什么宋高宗撤了他的兵权还非要杀掉他呢?

北宋末年,深受民族压迫的汉人掀起了轰轰烈烈的抗金战争,岳飞等将领站在抗金斗争的最前线。但是,北宋朝廷却一直采取妥协的政策,直至徽宗、钦宗被俘虏后,在南京继位的宋高宗赵构仍是个投降派。1139 年,宋金和议达成,赵构十分得意,而岳飞却十分反对议和,并表示了收复中原的决心,这无疑触怒龙颜,令赵构怀恨在心。

1140 年,金国撕毁和议,再次对南宋发动进攻,赵构被迫下令进行抵抗。岳飞施展抱负的机会终于来了。他率领岳家军数万人,从湖北抵达中原,受到了中原百姓的热烈欢迎。岳家军连败金军,收复了不少重要的县镇，并消灭了金军的主要力量。金军士气低落，准备连夜撤逃。南宋抗金的战争发生了根本的转变，如果南宋乘胜追击的话，沦陷的中原很可能就收复了。但是秦桧与宋高宗狼狈为奸，连下十二道金牌，令岳飞立即撤兵。金国得到岳家军回朝的消息后，又整军回到开封，毫不费力地又将中原夺了回去。

岳飞一回到临安，就陷入了秦桧布置好的罗网，被诬告"谋反"。秦桧等人从岳飞身上没有找到任何谋反的证据，但最后仍以"莫须有"的罪名处死了岳飞。

还有一个人不得不提，那就是秦桧的老婆王氏。其实，秦桧一开始并没有下定决心要杀死岳飞，但也没有想到好的处理办法。一天，当王氏看到秦桧为岳飞的事心烦意乱时，便说："你竟然这么不果断！要明白捉虎容易放虎难啊！"听王氏这么一说，秦桧便下定决心以"莫须有"的罪名杀害岳飞！

从此，岳飞的死亡成了世世代代人们的心结。因为，人们不明白为什么赵构非要用俘虏秦桧来议和，为什么非要杀死已经被撤了兵权的岳飞？我们来了解一下赵构的身世就明白了。

赵构是宋徽宗的儿子，宋钦宗的弟弟，金国来犯时，宋徽宗就让他出使金国做人质。然而，赵构还没有到金国，金兵便占领了开封，北宋灭亡了！他的父母兄弟全都被俘虏了，江山便落到了他的手中。一个不可能做皇帝的人突然做了皇上，最害怕的莫过于失去这来之不易的皇位。所以他一味地求和，因为只要岳飞不收复中原，不迎回徽、钦二帝，他的皇位就保住了！

而且，宋高宗没有儿子，唯一的儿子在逃亡的过程中给吓死了。

因为没有儿子，所以赵构最害怕的就是钦宗或者赵氏皇族中的任何一个人回来，只要赵氏有人回来，他们都可以名正言顺地要求赵构让位。这也是为什么赵构在议和时，只让自己的母亲回来，而不让任何一个赵氏皇族回来的原因。

赵构的确有先见之明，因为让赵构最担心的翻盘重登皇位的事情后来在明朝发生了。明英宗在土木堡之变中被俘虏后，他的弟弟明代宗名正言顺地继承了皇位，而明英宗被释放七年后，又借明代宗所立太子夭折之由，在明代宗病重时夺回了皇位。对比同样处境的赵构与明代宗，就可以理解赵构为何如此害怕岳飞收复中原，将徽、钦二帝迎回来了。

而且，岳飞还曾对立太子的问题发表过意见，态度还十分强硬，对他自己来说，这是他忠心的表现，而对赵构而言，这是禁忌。这也是造成他悲剧结局的一个原因。

岳飞的孤傲性格也是他让赵构担心的一个重要原因。岳飞在朝廷得罪过很多同僚。有次，他曾因为兵权问题直接跑到庐山去隐居。这些都成为秦桧后来为岳飞罗列罪状的根据。

岳飞被冤杀，除了赵构个人方面的原因，其实还另有原因，就是南宋的经济问题。要知道，打仗不仅需要人力，更需要花费大量的物力，岳家军有十万之多，这对飘摇动荡的南宋来说是很大的负担。岳飞作为一名武将，没有考虑那么多，但是对赵构来说，国库的钱不仅是南宋的，更是他的个人财产，赵构难免会心疼钱！

岳飞死前，其实已经完全失去了兵权，其他将领也自觉地回家休息了，但是岳飞却并不甘心这么做，一心想要收复山河。所以，只要岳飞在一天，南宋朝廷就休想对金停战。杀死岳飞是赵构求和的唯一选择，这样他才能拔掉主战派的旗帜，安心地做皇上。

总之，岳飞被冤死从根本上来说是因为赵构的问题。

赵构做了三十六年皇上后让位于太子宋孝宗，自己做了太上皇。宋孝宗一上台便为岳飞平反，恢复了岳飞的忠臣名誉，还追封他为"鄂王"，这简直就是对赵构谋杀岳飞的指控，但奇怪的是赵构没有任何不悦。因为当时的宋高宗已经满足了。而且，他是借秦桧之名杀了岳飞，人们自然将怨恨都发泄到了秦桧身上。

岳飞一生战功卓著，威名远扬，他的悲剧性死亡更使得他成为英雄的代表，他精忠报国的精神令无数人敬仰！从他所留下的《满江红》中，我们更能够真切地感受到他那一腔热血的英雄气概。

"怒发冲冠，凭栏处，潇潇雨歇。抬望眼，仰天长啸，壮怀激烈。三十功名尘与土，八千里路云和月。莫等闲，白了少年头，空悲切！靖康耻，犹未雪；臣子恨，何时灭？驾长车，踏破贺兰山缺。壮志饥餐胡虏肉，笑谈渴饮匈奴血。待从头，收拾旧山河，朝天阙！"

开国名将——徐达

徐达,字天德,明朝开国元帅。

他出身平民,小时候和朱元璋一起放过牛。元末农民起义爆发后,在郭子兴手下当军官的朱元璋回乡招兵时,徐达投奔朱元璋,从此开始了自己的戎马生涯。

朱元璋招兵后不久,就组建起了自己的队伍。他精选了二十四个人,可以说朱元璋是个识才高手,他此次挑选的这二十四个人,个个都是人才,活下来的后来都是开国元勋。

徐达就是这二十四人中的一个,他有勇有谋,是个难得的军事天才。他从小卒做起,跟着朱元璋出生入死,经历无数的血战之后终于成为明初最出色的将领。

徐达打仗几乎没有败过,他深谋远略,善于抓住取胜的时机,战必胜,攻必取。

徐达是朱元璋最为信任的一名战将,被封为帅首。朱元璋这么做,并不是因为徐达是他年少时的玩伴,他是在观察了两年之后,才决定让徐达做这个帅首的。

徐达与其他开国将领有很大的不同,他不仅仅拥有匹夫之勇,而且有军事谋略,算得上一个文武双全的儒将。

在龙湾大战中,朱元璋精心策划了一个大计谋,以实现歼灭敌人全军的目的。朱元璋手下的谋士们纷纷对这一策划佩服得五体投地,没有一个人能提出异议,因为朱元璋的计划看起来毫无破绽。但是,徐达却提出了这一计划的唯一漏洞。他指出敌人的主力是水军,怎么可能会选择从陆地进攻而掉入设好的陷阱呢?正是因为徐达的提醒,朱元璋才迅速调整了作战策略,从而取得了龙湾大战的胜利。

这件事情说明徐达的军事能力已经上升到了一个很高的境界。然而,徐达出身贫苦,没怎么上过学,为什么能够具有如此良好的军事素养呢?

其一,善于学习。徐达虽然没有机会上学,但他并不甘于现状,反而激起了强烈的求知欲。战争环境十分艰苦,但是在连年征战中,徐达仍然创造机会学习,虚心求教,刻苦学习兵法,从而掌握了大量的军事知识,再加上战争的实践,所以拥有了非凡的军事才华。

其二,善于接受意见。每次临阵作战前,徐达总是先与众将领共同分析形势,制订作战计划,因此部下对他十分信服。

其三,顾全大局。他深谋远虑,分析问题往往比他人高出一筹,而且他深谙朱元璋稳扎稳打的战略思想,不冒险、激进,稳步推进,以掌控局面。

其四,治军严明。徐达自带兵起,令出不二,每取得一个城镇,必定重申军令,严禁烧杀抢掠,凡违反者以军法处置。比如,徐达在攻克元朝都城后,立刻命人守护皇宫,让人看护妃嫔、公主,严禁士兵入宫侵扰。徐达南征北战几十年,攻克城镇数以百计,百姓均未受到迫害。

徐达的本事可以说都是在交战的过程中学来的,他最擅长的就是打"闪电战",往往在敌人还来不及反应的情况下一举将他们击溃,从来不给他们还手的余地和机会。在朱元璋与陈友谅、张士诚的较量中,徐达往往能够出乎意料地直击敌军要害,以迅雷不及掩耳之势给对方造成致命的打击。

他人生中最辉煌的战史当属与北元名将王保保之间的交战。名将与名将相遇,自然能擦出耀眼的火花,胜利的一方将会震慑天下。而徐达胜利了,他帮助朱元璋赢得了整个天下。

元朝大都被占领后,朝廷并没有彻底地放弃中原大地,他们派出了军事天才王保保。王保保为元朝留存中原延长了几年的时间,如果没有徐达,王保保可能就力挽狂澜,扭转乾坤,成为元朝的保国大将了!

王保保与徐达第一次交战就取得了胜利,他率领十万大军向大都发动强烈攻击,大大挫伤了徐达的先锋军队,给徐达来了一个下马威。因为,在此之前,徐达从未败过。然而,失败后的徐达迅速冷静下来,做出了让王保保意想不到的事情,他放弃大都,转而进攻王保保的巢穴太原。太原守卫空虚,王保保不得不马上撤离大都日夜兼程奔向太原。最终,徐达采取深夜突袭的策略,一举击溃了王保保的十万大军。

此后,徐达继续对王保保穷追猛打,王保保也不示弱,双方可谓斗智斗勇。打到甘肃兰州时,王保保将主力军埋伏在了定西,准备围攻兰州,引诱徐达进入埋伏后一举歼灭。然而,徐达并未上当,他觉察到了王保保的用意,假装上当,一方面派了一支军队在兰州迷惑王保保,另一方面悄悄率领大军直击定西元军主力。最终,王保保大败,元朝也走到了尽头。徐达为明朝的建立立下了不朽的功勋。

然而,朱元璋在取得天下后开始屠杀开国元勋,蓝玉、周德兴、冯胜、胡惟庸等功臣都死在了他的手里。徐达很识时务,他早早地就交出了兵权,但仍免不了朱元璋的猜疑。

一天,朱元璋把徐达找来下棋,而且还要徐达拿出真本事来对弈。皇帝虽然这么说,但是臣子可不敢当真,一盘棋从早上下到中午始终没有分出胜负,就在朱元璋连吃徐达两子而得意时,徐达却不再继续下了。朱元璋问:"怎么不下了?"徐达猛然跪在地上说:"请皇上细看!"朱元璋细看后发现棋盘上的棋子形成了"万岁"两字。朱元璋一高兴将下棋所在的阁楼赏给了徐达。然而,朱元璋并没有因此而消除对徐达的猜忌,反而加强了对他的戒心。

但是,无论朱元璋如何猜忌,徐达始终对他忠心耿耿,不贪不占,行事谨慎,从而避免了"兔死狗烹"的命运。民间有流传朱元璋赐鹅肉害死徐达的说法,当然这纯属无稽之谈,仅仅是一个表现朱元璋心狠手辣的传说。

徐达一生战功赫赫,为朱元璋打下了半壁江山;除了天才般的军事才能,徐达还具有很多优秀的品质,他才华横溢,为人稳重宽厚,军事政治两样都强,用朱元璋的话来评价就是:破虏平蛮,功贯古今人第一;出将入相,才兼文武世无双。

第四章

乱国武将

狼子野心——董卓

董卓，字仲颖，东汉末年军阀。

说起董卓，天下无人不知，他是三国时期最残暴的人物。他趁乱掌控政权，铲除异己，滥用权力，残暴荒淫，犹如夏桀商纣。

曹操对他的暴行悲愤不已，为此写诗道："贼臣持国柄，杀主灭宇京。荡覆帝基业，宗庙以燔丧。播越西迁移，号泣而且行，瞻彼洛城郭，微子为哀伤。"这段话描述了董卓在洛阳城烧杀抢掠，乱用淫威，胁迫汉献帝迁都长安的场景。

可以说，正是因为董卓滥用权力，残忍至极，东汉王朝才踏上了毁灭性的道路，从此开启了三国时代。那么，董卓到底何许人也？他是如何将东汉王朝的权力攥在自己手中的？

东汉末年，西羌反叛一直是朝廷最棘手的问题。自汉安帝时起，羌人就不断地发动战事。到了汉桓帝年间，西羌问题仍然没有得到改善，而且形势更为窘迫。再加上国内农民起义不断，东汉政权已经无力对抗羌人，只得求助于地方势力来缓解边关危机。这对于野心勃勃的地方豪强来说，无疑是一个发展势力的好机会。

董卓就是具有狼子野心的地方豪强。他的出生地岷县当时属于边远地区，与西羌人居住地相邻。董卓从小养尊处优，形成了一种任性、凶狠的性格。董卓还经常到西羌地区游逛，并依仗自己富足的家产与羌族部酋长交往。由于性格强悍，精于骑射，当地人都要畏他三分，甚至羌人也不敢去招惹他。而且，羌族首领为了相安无事，还极力讨好董卓，与他称兄道弟。董卓见羌人如此敬畏自己，便决心要控制和利用他们。他在羌族中拉拢亲信，为以后的发展做打算。

为了赢得羌人的拥护，董卓不吝钱财，经常杀牛宰羊款待羌人首领。羌人一方面畏惧董卓的凶悍，另一方面又贪图酒肉之乐，于是都愿意归附于他。除了拉拢羌人，董卓还到处拉拢其他势力，以扩大自己的力量。同时，他还收留了大批落魄的无赖之徒，这些人被董卓的义气所感动，愿意被他任意调遣。

随着个人势力的不断扩张，董卓的内心开始膨胀，他开始不满足于地方豪强的角色，暗中积蓄力量，以求拥有更大的势力。

到了汉灵帝时期，社会矛盾冲突并发，面临内忧外患，朝廷不得不起用想要极力抑制的地方豪强，董卓也因此找到了更大的发展空间。起初，董卓被任命为兵马掾，负责守护边塞地区。后来又担任羽林郎，不久又升为军司马。在战争中，董卓尽力地表现自己，发挥了凶猛强悍的优势，因为战绩突出，一路升迁，很快就被封为台乡侯，食邑千户。

由于董卓的势力不断膨胀，朝廷不得不加以遏制，任命他为不掌实权的少府。董卓知道朝廷的用意，婉言拒绝。后灵帝病重，急忙召见董卓，封他为并州牧（兼军政、行政、财政于一身，曹操、刘备、诸葛亮都有担任或兼任过州牧），并要他交出兵权。董卓不肯交出兵权，他给的理由竟然是：士兵们与自己相处长久难以分离！

董卓之所以胆大妄为，是因为他看到了东汉王朝将要发生变动，所以拥兵自重，静观其变。

不久后，灵帝驾崩，少帝继位，董卓窃喜，准备伺机行动，独揽大权。很快他就得到了大将军何进的密令。何进是少帝的舅舅，他与袁绍共谋诛杀张让，遭到何太后的反对。于是何进下命令召董卓进京，以此来胁迫何太后。

接到命令后，董卓立即上路，并义正词严地要清除皇上身边的奸臣。如此反常的态度让何进产生了怀疑，他又立即下令让董卓停止前进。董卓暂时驻军洛阳城西。结果，何进在宫廷斗争中被张让杀死，虎贲中郎将袁术得到消息后，立即放火烧了南宫。当董卓看见洛阳大火燃烧时，立即率兵进京，中途与逃难的少帝和群臣相遇。

少帝一见到董卓的大军就吓得泪流满面，董卓大摇大摆地过去请安，并询问情况。少帝刘辩哭哭啼啼，语无伦次，一旁的陈留王刘协却清楚地给董卓叙述了事情的经过。董卓听后十分高兴,认为刘协比刘辩要强很多,从此时起便动了更换皇帝的念头。

董卓将少帝送回皇宫后,开始干涉朝政。董卓虽然性格粗野,但是却很有谋略,他知道要想控制朝廷,必须有强大的军事后盾。初到洛阳时,他的兵力只有三千,为了迷惑百官,他命令三千士兵每天晚上溜出城去,第二天再大张旗鼓地进来,接连数日都是如此。结果,朝廷百官都畏惧他的实力,不敢反对他。

189年,陈留王刘协登基,即汉献帝。

董卓想建立新的朝纲,但是士族们都不愿意与他合作。新的秩序建立不成,董卓便开始肆无忌惮地破坏旧秩序,开始他那残暴荒淫的行动,主要体现在四个方面。

第一,祸乱一方。董卓废立皇帝后不久,关东几个州联盟起来讨伐董卓,声势浩大。董卓惊慌之下,挟持汉献帝,火烧洛阳,迁都长安。顿时,朝廷一片混乱,洛阳百姓全部被迫迁到长安。

在迁往长安的途中,董卓军队恶贯满盈,一路上祸害百姓,到处都是尸体。经过毕圭苑时,董卓看到那里金碧辉煌,于是一把火将那里烧了个精光,方圆二百里之内成了一片废墟。另外,他还派干儿子吕布掘开各朝帝陵和三公九卿等官员的家族陵墓,搜罗珍宝。

迁都长安后,董卓还是没有停止暴行,他做了三件恶事:抢掠富人,盲目铸铜钱,焚烧城外。这三件事情彻底地将东汉政权推向了深渊。抢掠富人,激化了他与士族之间的矛盾,使他彻底失去了士族的支持;盲目造钱破坏了经济秩序,导致通货膨胀,严重地影响了百姓的生活,并激发出了一系列社会矛盾;焚烧城外,激化了他与社会之间的冲突。另外,他还放纵士兵祸害百姓,激化了与百姓之间的矛盾。

第二,荒淫无度。董卓掌权后,没有实行过一项稳定国家的政策,他脑中充斥着私人欲望,放纵的本性被无限扩大。他大兴土木,迅速地建造了自己的堡垒——万岁坞。据史料记载,万岁坞是一个坚固的军事堡垒"高厚七丈",可攻可守。而且万岁坞建成后,董卓就命人在里面储放了大量的粮食,足够吃三十多年。对此董卓自豪地说:"成功了,我可拥有天下;败了,我在这里也可以安享一生。"

第三，残暴至极。董卓为了寻求刺激，他会将人分解，取出器官，吓唬众人。一次，朝中百官被董卓叫去饮酒。酒席上，董卓兴致高昂，让大家不要拘谨，畅怀痛饮。过了一会儿，董卓起身对众人说："为了给大家助兴，我安排了一场精彩的好戏，请大家欣赏。"说完，他就拍手示意，命人将诱降的几百名反叛者押到酒宴中央。先让人割掉他们的舌头，然后再砍掉他们的手脚，挖出他们的眼珠。还有的人直接被丢进大锅中煮，没死的拼命地往外爬，场面惨不忍睹。在场的人都吓得心惊肉跳，只有董卓若无其事，照饮不误。

还有一次，董卓将俘虏来的上百名起义军用布条捆绑，然后倒吊起来，涂上油膏，点火将他们活活烧死。董卓在旁观看，不仅不惊慌，反而哈哈大笑，令人毛骨悚然！

第四，滥用权力。董卓掌权后飞扬跋扈，无恶不作。他逐渐将东汉政权紧紧地握在自己的手中，把朝廷当成自己家的后院，想让谁当官就让谁当，想除掉谁就除掉谁。他的权力欲望已经膨胀到了极点，无法抑制。对家人或是有用的人，董卓是有求必应；而对那些妨碍他的人，他会毫不留情地除掉，杀鸡儆猴，威慑天下。

他利用手中的权力，大肆加封自己的家族。他封自己的母亲为池阳君，封自己的弟弟为鄠侯，封未成年的孙女为渭阳君，甚至他家的孩子还在怀抱中时，就已经被封侯。

在董卓的淫威下，朝中很多忠义之臣，不是被陷害杀死，就是被迫逃离。

董卓的行为创造了一个奇迹，他成功地激怒了全天下的人！上至文武百官，下到平民百姓，大家都对他恨之入骨。

当时，老百姓为了宣泄对董卓的痛恨，到处传唱《千里草》的童谣：千里草，何青青。十日卜，不得生。其中，"千里草"暗指"董"字，"十日卜"暗指"卓"，整句是"董卓死，不得生"的意思。

恶有恶报，董卓惨无人道的暴行终于得到了惩罚。192年，司徒王允、尚书仆射联合董卓的干儿子吕布设计诛杀董卓。

吕布年轻勇猛，武艺不凡，深受董卓信任，无论董卓到哪里，吕布总是形影不离，保护董卓的安全。吕布曾不小心惹恼了董卓，董卓大怒，抽刀就向吕布砍去,幸亏吕布身形敏捷,得以幸免。当时,吕布立即向董卓谢罪,董卓也没追究,但是吕布却心生怨恨。所以,王允才能成功说服吕布充当内应,合谋诛杀董卓。

一切准备就绪后,吕布趁文武大臣会朝于未央宫之时,安排十多名亲兵隐藏在侧门两旁。董卓刚踏进门,便遭到伏兵的突袭,他惊慌地向吕布呼救。吕布答道:"我们是奉旨处罚乱臣贼子!"董卓在奋力反抗中,当场被杀。

董卓死后,满朝文武高呼万岁,老百姓们高兴得欢声雀跃。

一代奸雄就这样结束了自己不堪的人生!

董卓一生惨无人道,满怀野心与私欲。他掌控政权后,一心盘算的都是如何满足私欲,玩弄政权,践踏律法,残害百姓。得道者多助,失道者寡助,董卓最终得到了他应有的报应,并将永世遭受人们的唾骂!

乱臣贼子——安禄山

安禄山，本姓康，名轧荦山。

安禄山是唐朝藩镇割据势力建立者，他一生的"杰作"就是"安史之乱"。

唐朝中叶后，大唐在屡次的开疆拓土之后建立了辽阔的边境，同时也带来了巨大的边关隐患。

为了加强边境的控制，朝廷派驻了九个节度使和一个经略使。节度使不仅管理军事，而且兼顾行政、财政、土地等大权。这就形成了节度使雄踞一方的局面，给大唐政权的稳定埋伏了危机。

安禄山就是这个时期的节度使之一。他一人兼任三镇节度使，拥兵二十万，实力强大。而此时朝廷兵力尚不满八万，所以安禄山就成了朝廷最大的威胁。

安禄山的父亲是胡人，他反叛的很大原因是他的出身。起初，他能掌握军权，还得感谢奸相李林甫。

李林甫当政后，为了巩固地位，竭力压制文武兼备的边关将帅，并建议唐玄宗任命胡人担任边关将帅，理由是胡人熟悉边疆生活，而且骁勇善战。唐玄宗觉得有道理，于是开始重用胡人。正因为如此，安禄山才当上了平卢兵马使。

李林甫这么做只是为了巩固自己的地位，在他看来胡人成不了大事，所以也根本不把安禄山放在眼里。不料，安禄山很快就成了唐玄宗和杨贵妃面前的大红人。

安禄山以为仗着唐玄宗的宠信就够了，所以当他第一次见到李林甫时态度十分傲慢。李林甫看在眼里，不动声色，作为一名大臣，他最擅长的就是揣摩人的心思。李林甫知道安禄山有皇上与杨贵妃撑腰，所以不能明目张胆地整他,最好的方法就是震慑他。

李林甫借故将自己的亲信王鉷找来,询问事情。王鉷时任大夫,身兼二十多职,与杨国忠齐名,备受恩宠,但是他见了李林甫卑躬屈膝,满脸谄笑。安禄山看到如此情景后,心里一惊,态度马上恭敬起来。安禄山这才了解到,原来李林甫是个厉害的角色!安禄山能屈能伸,王鉷说话越谨慎,安禄山的态度就越恭敬。

李林甫看到安禄山态度的转变,便趾高气扬地对安禄山说:"安将军此次进京,深得皇上欢心,可喜可贺,将军要好自为之,尽心尽力为朝廷效忠。"安禄山连连称是。李林甫见安禄山被自己驯服得服服帖帖的,又意味深长地说:"皇上虽春秋已老,但宰相不老。"安禄山听后,顿时心生畏惧。此后,安禄山对满朝文武傲慢无礼,唯独对李林甫奉若神明。真可谓一物降一物!

李林甫也不敢轻易得罪安禄山,他恩威并施,两人关系逐渐变得亲密起来,这就是所谓的狼狈为奸。安禄山每次向朝廷奏事,都会问候李林甫,他曾对身边的人说:"我出生入死,天不怕地不怕,皇上也不怕,唯独怕李相公!"所以,不少人认为,安禄山后来谋反,与后继宰相杨国忠不像李林甫那样对他恩威并用,只是一味地以强力相压有着很大关系。

事实上,安禄山的谋反之意是从李林甫死后有的。李林甫之死使得他在朝中没有了里应外合的搭档,同时也让他没有了畏惧的对象。

安禄山对朝廷的情况了如指掌,他知道唐玄宗只顾享乐,朝政长期以来一直由李林甫把持。所以,李林甫一死,他就马上招兵买马,为谋反做准备。

而杨国忠继任宰相后,多次对唐玄宗说安禄山有谋反之意,但是唐玄宗却不以为然。杨国忠之所以屡次弹劾安禄山,可能是发现了安禄山的逆反迹象,但最根本的原因是两人关系恶化。

任宰相前,杨国忠与安禄山的关系其实很亲密。安禄山每次进京时,他都会与杨贵妃一起出外远迎,十分敬重。他见安禄山身形肥大,上台阶不便,每次上朝登殿时,都会去亲自搀扶。杨国忠之所以如此讨好安禄山,是希望自己能有可以倚仗的军事外援。然而,安禄山却只惧怕已经去世的前任宰相李林甫,根本不把这个新宰相放在眼里,这就把杨国忠惹恼了。

所以屡次弹劾安禄山谋反，欲除之而后快。

随着两人关系的恶化，安禄山越来越不安，再加上他对帝位又抱有幻想，所以就密谋叛唐。叛乱前，安禄山精选了八千精兵，个个都英勇善战，同时又派人到处敛财，以备军资。

755 年，安禄山在范阳起兵，以奉密诏讨伐杨国忠为由，发动叛乱。当时，唐朝太平已久，民不知战，当地县令或逃或降，安禄山所向披靡，直指东都洛阳。唐玄宗起初不相信安禄山会叛变，直到叛变的消息不断传来，他才如梦方醒。

在唐玄宗错误的指挥下，洛阳沦陷。756 年，安禄山便在洛阳称帝，称大燕皇帝。

不久后，安禄山又占领长安，唐玄宗在逃亡途中，被龙武大将军逼迫除掉杨国忠与杨贵妃。最终，杨国忠被乱刀砍死，杨贵妃被勒死。唐玄宗最后逃到成都，而太子李亨在灵州自行登基，是为唐肃宗。唐肃宗登基后，任郭子仪为朔方节度使，随后收复河北一带。

757 年，安禄山被其子安庆绪所杀，后来安禄山的手下史思明杀安庆绪登大燕帝位。761 年，史思明为其子史朝义所杀，叛军内讧，屡屡战败。763 年，史朝义部下李怀先投降，史朝义自缢而死，至此，历时七年有余的安史之乱终于结束。

安史之乱后，大唐王朝自盛而衰，此后朝廷再也无力控制地方。安史余党在地方形成藩镇割据，后来这种情况开始在全国蔓延，各地藩王与朝廷分庭抗礼直至大唐灭亡。而这一切的罪魁祸首就是乱臣贼子安禄山！

背主求荣——吴三桂

吴三桂，字长伯，明末清初著名的军事家。

说起吴三桂，人们脑中闪现的往往是一个反清人士。其实吴三桂一生中犯的最大的错误并非反清，而是叛明，也就是放清军入关！

事实上，吴三桂本人并没有强烈的反清意识，他最终在云南起兵主要是被年少轻狂的康熙所迫。历代皇帝难免会猜忌手握重兵的大将，康熙自然也不例外，作为皇帝他是不允许自己生活在恐惧之中的！

所以康熙做了一个错误的决定，派了朱国治到云南做总督。吴三桂虽无反心，但是他的部下都是一些反清人士，他们在吴三桂的带领下才勉强投降清朝。所以，在吴三桂离开云南前，部下联手杀死朱国治逼迫吴三桂反清。

吴三桂惊慌之下，立即封锁消息，因为他的儿子吴应熊还在京城做人质。可是，康熙却获得了朱国治被杀的消息，一怒之下杀了吴三桂的儿子及孙子。吴三桂悲痛之下，决定反清。事后，康熙为了掩饰自己的错误，声称吴三桂早有预谋。

吴三桂叛明又反清，说明他并没有站在任何一方，在他心里，自己的利益才是第一位。为了对抗李自成，他引清兵入关，后来清廷想削弱他，他又被迫反清。他所做的这一切其实都是为了自己的一己私利！

既然不是明朝的忠臣义士，那他为何还要想方设法地对抗李自成呢？关于吴三桂最重要的一个关键词就是"冲冠一怒为红颜"！这位"红颜"就是苏州名妓陈圆圆。

陈圆圆，本名邢沅，具有倾国倾城之貌。父母早亡，陈圆圆从小与祖母生活在一起。十四岁时，祖母患病不起，为了给祖母看病，她四处借钱，家中负债累累。后来，乡里一个常年在外经商的人听说了她的处境，骗她到苏州做事，以挣钱养家。临走前，那名商人还给了陈圆圆一些钱让她安置祖母。陈圆圆心里十分感激，可到了苏州才发现，自己被商人卖为歌妓。

小小年纪的她自然无力挣扎，只能听天由命。学习歌舞琴画，由于她天资聪慧，不久后就成了红遍一方的艺妓。

明朝末年，农民起义蜂拥而起，满人也虎视眈眈，朝廷摇摇欲坠，崇祯皇帝心力交瘁，但是后宫的争斗却一刻也没有停止。田贵妃施展媚惑手段，迷住了崇祯皇帝的心，周皇后因此备受冷落。周皇后的父亲周奎为了帮女儿争宠，想找一位才貌双全的美女安插在皇帝身边，作为周皇后的心腹一起对付田贵妃。

周奎经过四处查访，最后找到了歌舞诗画俱佳的陈圆圆。周奎先将陈圆圆收为义女，然后教导一番后，伺机将他送到了周皇后那里。周皇后将其精心打扮一番后，在宫中设宴，请崇祯皇帝来饮酒作乐。席间，陈圆圆为崇祯皇帝献歌献舞，歌声婉转柔美，纤腰轻摆，令人动心。表演完毕后，陈圆圆又为崇祯皇帝侍酒，言语温婉，乖巧伶俐，很是迷人。可崇祯皇帝此时正为国事烦扰，根本没有心情，所以对陈圆圆并无收纳之意。

陈圆圆在宫中盘桓了几个月后，被遣回周府。周奎心中很是不快，于是将陈圆圆贬为歌舞姬。

此时，朝廷所面临的形势越来越严峻，李自成已经直逼京城，清军蠢蠢欲动。危急关头，朝廷急切需要为国效力的军事人才。吴三桂是锦州总兵吴襄的儿子，精于骑射，智勇双全，曾中过武举。之前，吴三桂因为失守宁远，被连降三级，如今国难当头，朝廷又将他提拔，让他以总兵的身份镇守山海关。

一时间，吴三桂重兵在握，成了京城里的实权人物，乱世之时谁不想得到军队的庇护呢？所以，吴三桂赶赴山海关之前，京城里的达官贵人争相设宴款待他。周奎自然也不例外，他在府中大摆筵席招待吴三桂。当天，周奎除了献上数不清的山珍海味，还命倾国倾城的陈圆圆为其表演歌舞。

陈圆圆身穿白衣缓缓飘出，好像仙女降落凡间，她轻舒长袖，明眸含笑，沁人心脾；一段轻舞后，陈圆圆又抚动乐器，哼起小调，那声音轻悠悠地落入宾客心底，令人心醉。吴三桂如痴如醉地盯着陈圆圆，很长时间都忘了喝酒。陈圆圆歌罢，拽着长裙飘然离去，吴三桂的目光紧紧追随，很久没有回过神来。

宴席散前，吴三桂实在按捺不住内心的波涛汹涌，悄悄地对周奎说："如果你将陈圆圆送我，战乱之时，我一定会先保周府！"周奎欣喜地点了点头。第二天，吴三桂就派人送了聘礼，将陈圆圆娶回家了。

分别时，吴三桂看着陈圆圆，那情景用"执手相看泪眼，竟无语凝噎"来描述是再恰当不过了！

不料，吴三桂离开京城后不久，李自成的军队便攻占了京城，建立了大顺王朝。京城的旧臣贵族全部遭到了搜捕，吴家也在其中，而陈圆圆被李自成的大将刘宗敏据为己有。

之后，李自成写信给吴三桂劝其投降，否则就要杀其全家。吴三桂收到信后，便心生降意。他想，崇祯皇帝死了，明廷已经没有了复兴的可能，自己不如顺应时势，归附李自成，也好保住全家的性命。

此时，吴三桂又突然想起了爱妾陈圆圆，便问使者她的情况。既然吴总兵特意问起陈圆圆，使者就应该意识到此女非同寻常，要好好想想再回答。可这名使者觉得陈圆圆不过是一个小妾，无关紧要，于是如实说出其已经被刘宗敏将军纳入府中。此言一出，吴三桂怒火中烧，大吼一声，就砍下了使者的脑袋。

吴三桂知道自己的兵力无法与李自成抗衡，再三思考下决定向清军借兵，条件是"割地送财"。多尔衮见到吴三桂派来的使者后大喜，答应出师相援。

如此一来，吴三桂可是以全家性命为代价的，他写信对父亲说，要牺牲全家人的性命，为大明王朝效忠。

于是，吴三桂打开山海关引清兵入关。长期以来，山海关一直是清军入关的最大障碍，此时吴三桂主动打开山海关，多尔衮求之不得，立即率全部军队入关。为了征讨李自成，吴三桂与清军联盟了！

最终，在清、吴的联合对抗下，李自成大败，在撤离京城前将吴三桂全家老小都杀了。而陈圆圆却躲过劫难，得以与吴三桂重逢。

多尔衮进京后，马上建立了大清朝廷，并准备接手大明江山。吴三桂因为有开关之功，被封为平西王，这样一来，他彻底地成了明朝叛徒。他继续协助清兵统一中国,将李自成的力量彻底消灭,幸存的南明朝廷也被他赶到缅甸去了!

　　吴三桂本应是历史上被淹没的一个小人物,但是却"冲冠一怒为红颜",让李自成、多尔衮的命运发生了巨大的改变。因为他,满族顺利入主中原,开始了对整个中国的统治!